Patientenrechte und Behandlungsfehler

Beck-Rechtsberater im dtv

ORIGINALAUSGABE
dtv Verlagsgesellschaft mbH & Co KG
Tumblingerstraße 21, 80337 München

Redaktionelle Verantwortung: Verlag C.H. Beck, oHG
Wilhelmstraße 9, 80801 München
Satz: mediaTEXT Jena GmbH, Jena
Druck: Westermann, Zwickau
Gestaltung: Sabina Sieghart, München
ISBN 978-3-423-51271-8 (dtv)
ISBN 978-3-406-78122-3 (C.H. Beck)
ISBN 978-3-406-78123-0 (eBook)

www.dtv.de
www.beck.de

Haack/Böttger

Patientenrechte und Behandlungsfehler

Recht bekommen und durchsetzen

2. Auflage

Beck-Rechtsberater im dtv

Inhalt

Die Autoren

Dr. Hansjörg Haack, LL.M., ist Rechtsanwalt und Fachanwalt für Medizinrecht. Seit 1988 praktiziert er als Rechtsanwalt und war einer der ersten Fachanwälte für Medizinrecht in Deutschland. Daneben ist er Gründungsmitglied (2005) und seitdem ständiges Vorstandsmitglied in den Fachausschüssen der Fachanwälte für Medizinrecht der Rechtsanwaltskammern des OLG Oldenburg und des OLG Celle. Durch Kanzleistandorte in Düsseldorf und Osnabrück bietet er gemeinsam mit seinem Kanzleipartner und Mitautor Dr. Lutz Böttger bundesweite Vertretung. Überdies ist er langjähriger Medizinrecht-Journalist mit mehr als 200 Publikationen im Medizin- und Wirtschaftsrecht.

Dr. Lutz Böttger, LL.M., ist Rechtsanwalt und Fachanwalt für Medizinrecht und ist seit 2015 ausschließlich auf dem Gebiet des Medizinrechts anwaltlich tätig. Er kann auf eine bundesweite Tätigkeit im Arzthaftungsrecht in renommierten Kanzleien zurückblicken und ist seit 2021 Kanzleipartner von Herrn Dr. Haack mit Kanzleistandorten in Düsseldorf und Osnabrück. Dr. Böttger ist Mitglied der Arbeitsgruppe Medizinrecht im Deutschen Anwaltverein.

Einführung

Der Begriff der Patientenrechte wird häufig auf die Rechte der Patientinnen und Patienten nach einer fehlerhaften ärztlichen Behandlung beschränkt. Tatsächlich geht der Begriff der Patientenrechte aber viel weiter. Unter den Patientenrechten werden die Rechte der Patientinnen und Patienten verstanden, die ihnen in einem BEHANDLUNGSVERHÄLTNIS zur Seite stehen. Patientenrechte bestehen somit nicht nur gegenüber Ärztinnen und Ärzten, Krankenhäusern sowie Heilpraktikern, Hebammen oder Physiotherapeuten, sondern auch gegenüber gesetzlichen Krankenkassen, privaten Krankenversicherungen oder Sozialversicherungsträgern.

Die Patientenrechte sind auf eine Vielzahl von Rechtsvorschriften verteilt, was die Anwendung nicht erleichtert. Immerhin hat der Gesetzgeber im Jahr 2013 das sogenannte Patientenrechtegesetz als eine Sammlung von Vorschriften in das Bürgerlichen Gesetzbuch (BGB) aufgenommen. Zuvor war die Rechtslage noch unübersichtlicher, da die entsprechenden Regelungen nur als Richterrecht, also im Wege der richterlichen Rechtsfortbildung, existierten. Durch das Patientenrechtegesetz wurde aber lediglich das Arzthaftungsrecht kodifiziert und einheitlich unter Zusammenfassung der bisher von der Rechtsprechung erarbeiteten Regelungen in das BGB aufgenommen. Andere Fragen, wie zum Beispiel nach dem Recht auf Einholung einer ärztlichen Zweitmeinung oder der Erstattungsfähigkeit einzelner Medikamente sind im Patientenrechtegesetz nicht geregelt und weiterhin auf eine Vielzahl von Rechtsvorschriften verteilt. Für die Patientinnen und Patienten ist es kaum möglich, sich einen rechtlichen Überblick zu verschaffen.

Eine weitere Erschwernis kommt hinzu: Abläufe in einem Behandlungsverhältnis sind sehr komplex und verlaufen auch nicht immer störungsfrei. Kommt es etwa zu einem Behandlungsfehler, ist dies für die Patientinnen und Patienten häufig ein Albtraum: Statt einer Verbesserung, erleiden sie eine Verschlechterung ihres Gesundheitszustandes. Die Patientinnen und Patienten sind verunsichert, da der gewünschte Behandlungserfolg ausgeblieben ist. Häufig entsteht in diesen Situationen ein Gefühl von Hilflosigkeit, weil medizinische Sachverhalte und Behandlungsabläufe schwer zu verstehen sind und von den Behandlern oftmals nur unzureichend erklärt werden. Für die Patientinnen und Patienten ist häufig unklar, an wen sie sich in dieser Situation am sinnvollsten wenden. Sollen sie mit dem Arzt über den Fehler sprechen? Sollen sie eine Schlichtungsstelle bei der Ärztekammer aufsuchen? Sollen sie einen Termin mit einem Rechtsanwalt vereinbaren? Was kostet ein Verfahren? Wie sind die Erfolgsaussichten? Ist es sinnvoll gegen den Arzt vorzugehen, wenn die Behandlung bei ihm noch fortgeführt wird?

Ähnlich komplizierte Fragen können entstehen, wenn nach einer umfangreichen stationären Behandlung die private Krankenversicherung sich weigert, die versicherte Chefarztbehandlung zu bezahlen.

Bereits diese wenigen Beispiele zeigen, wie kompliziert und vielfältig Patientenrechte sein können. Genau an dieser Stelle setzt dieser Ratgeber an. Er hat zum Ziel, den Patientinnen und Patienten eine erste Orientierung zu liefern, um ihre Rolle im Behandlungsverhältnis zu stärken. Es wird aufgezeigt, welche Rechte im Einzelfall bestehen und wie diese am sinnvollsten durchgesetzt werden. Hierbei wird erläutert, an wen man sich im konkreten Fall wenden kann, welche Probleme in den jeweiligen Situationen auftreten können und ob beziehungsweise welche Kosten entstehen können.

Aus Gründen der besseren Lesbarkeit wird in diesem Ratgeber verallgemeinernd das generische Maskulinum verwendet.

Diese Formulierungen umfassen gleichermaßen weibliche, männliche und diverse Personen; die Autoren sprechen alle selbstverständlich gleichermaßen an.

Meine Rechte beim Arzt

In dem folgenden ersten Kapitel soll Ihnen ein Überblick über das Krankenkassensystem, die rechtlichen Grundlagen des Behandlungsvertrages, die unterschiedlichen Arten ärztlicher Zusammenarbeit im niedergelassenen Bereich (Kooperationsformen) sowie über die immer mehr Einzug haltende Digitalisierung im Gesundheitswesen verschafft werden. Ferner erhalten Sie einen Einblick in die Individuellen Gesundheitsleistungen, das Zweitmeinungsverfahren sowie in die unterschiedlichen Vorsorgemaßnamen, die Ärzte verordnen können.

1. Meine Rechte beim Arzt

I. Privat- und Kassenpatient: Gibt es eine Zwei-Klassen-Medizin?

Die Gesundheit wird allgemein als eines der höchsten Lebensgüter des Menschen angesehen. Sie zu erhalten und nach einer Erkrankung möglichst schnell und umfassend wiederherzustellen, liegt im Interesse eines jeden Einzelnen. Der Einzelne ist aber häufig nicht in der Lage, für die Kosten der Krankenbehandlung aufzukommen. Er versucht daher die Kosten für eine Krankenbehandlung abzusichern. Eine gut funktionierende Gesundheitsversorgung liegt aber auch im Interesse des Staates: Hohe Krankheitskosten, beispielsweise durch mangelnde Vorbereitung auf eine Epidemie, eine unzureichende Behandlung von „Volkskrankheiten“ wie zum Beispiel Diabetes, Krebs oder Herzinfarkt oder eine nicht ausreichende Versorgung von Unfällen tangieren in besonderem Maße die Wirtschaftskraft des Staates. Ein funktionierendes Gesundheitswesen liegt daher nicht nur im Interesse des Einzelnen, sondern auch im Interesse des Staates und der Gesellschaft.

In den meisten Industriestaaten wird heute das Gesundheitswesen als Aufgabe der „öffentlichen Daseinsvorsorge“ anerkannt. Das Gesundheitswesen kann unterschiedlich geregelt werden.

Teilweise regeln Staaten die medizinisch notwendige gesundheitliche Versorgung ihrer Bürger umfassend in einem staatlichen Gesundheitsdienst selbst und finanzieren diesen aus Steuermitteln. Typisches Beispiel hierfür ist Großbritannien mit seinem National Health Service (NHS).

Andere Länder verpflichten ihre Bürger (alle oder bis zu einer bestimmten Einkommensgrenze) sich selbst gegen das Risiko der Erkrankung zu versichern und verpflichten gleichzeitig die Versicherer bestimmte Leistungspakete zu sozialen Beiträgen anzubieten (zum Beispiel Belgien).

Deutschland hingegen hat sich für ein Mischsystem zwischen gesetzlicher und privater Krankenversicherung entschieden. Ca. 90 % der Bevölkerung sind in der gesetzlichen Krankenversicherung (GKV) pflichtversichert oder freiwillig weiter versichert. Ca. 10 % der Bevölkerung sind privat versichert. Die Gründe für den Abschluss einer privaten Krankenversicherung (PKV) können unterschiedlich sein:

- Überschreiten der Versicherungspflichtgrenze in der GKV,

- fehlende Zugehörigkeit zum gesetzlich definierten Personenkreis der GKV, insbesondere Selbstständige,
- Beamte oder beihilfeberechtigte Angestellte im öffentlichen Dienst mit einem Anspruch auf Beihilfe einer privaten Versicherung zur Abdeckung der Differenz zwischen Beihilfe und Vollversorgung.

ES BESTEHT EINE PFLICHT ZUM ABSCHLUSS EINER KRANKENVERSICHERUNG!
Ab dem 1.1.2009 besteht in Deutschland eine gesetzliche Pflicht zur Versicherung entweder in der GKV oder in der PKV. Der Personenkreis der GKV-Versicherten ist dabei gesetzlich definiert; der Personenkreis, der sich privat versichern muss, ergibt sich aus der Abgrenzung zur GKV.

1. Unterschiede von GKV und PKV

Die GKV basiert auf dem Grundsatz der Solidarität. Dies bedeutet, dass die Versichertengemeinschaft für die Risiken der Erkrankung des Einzelnen und seiner mitversicherten Familienangehörigen einzustehen hat. Nicht das individuelle Risiko des Einzelnen wird versichert, sondern die gesetzliche Krankenversicherung gleicht die Risiken durch einen Solidarbeitrag untereinander aus. Es gilt der Grundsatz: Junge für Alte, Gesunde für Kranke, Einzelne für die Familie. Ausdruck des Grundsatzes der Solidarität ist ein vom Krankheitsrisiko des Einzelnen unabhängiger Solidarbeitrag, der lediglich prozentual am Arbeitsentgelt ausgerichtet ist.

Demgegenüber basiert die PKV wie jede andere Privatversicherung auf dem Gedanken, ein individuell bestimmbares Versicherungsrisiko der einzelnen Versicherten abzusichern. Die Beitragszahlung erfolgt hier nicht in Anlehnung an das Arbeitsentgelt, sondern in Abhängigkeit zum versicherten Risiko, der Beitrag ist also risikoäquivalent ausgestaltet.

Die GKV basiert auf dem sogenannten „Sachleistungsprinzip". Konkretisiert wird das Sachleistungsprinzip durch den Leistungskatalog der GKV. Der Leistungskatalog ist in seinen Grundzügen definiert, indem er die Leistungsarten festlegt (§ 11 SGB V) und innerhalb der Leistungsarten die Leistungen als solche definiert (zum Beispiel ärztliche Behandlung).

IN DER GKV GILT DAS SACHLEISTUNGSPRINZIP!
Je nach Erkrankung werden somit im GKV-System durch die Kassenärzte und Krankenhäuser bestimmte medizinische Leistungen zugunsten des Patienten erbracht.

Da die gesetzliche Leistungsbeschreibung häufig nicht ausreicht oder nicht mehr aktuell ist, hat der Gesetzgeber den Gemeinsamen Bundesausschuss (G-BA) beauftragt, in einzelnen Richtlinien die gesetzlich bestimmten Leistungen unter Berücksichtigung des aktuellen Standes der medizinischen Erkenntnisse zu konkretisieren und dem jeweiligen Fortschritt anzupassen (§§ 91, 92 SGB V).

Exkurs: Was ist der Gemeinsame Bundesausschuss (G-BA)?

Es ist das höchste Beschlussgremium der gemeinsamen Selbstverwaltung im deutschen Gesundheitswesen. Er bestimmt in Form von Richtlinien, welche medizinischen Leistungen gesetzlich Versicherte beanspruchen können. Der Ausschuss wird von den vier großen Selbstverwaltungsorganisationen im Gesundheitswesen gebildet: Der Kassenärztlichen Bundesvereinigung (KBV), Kassenzahnärztlichen Bundesvereinigung (KZBV), der Deutsche Krankenhausgesellschaft (DKG) und dem Spitzenverband Bund der Krankenkassen (GKV-Spitzenverband).

Demgegenüber basiert die PKV auf dem sogenannten „Kostenerstattungsprinzip". Je nach unterschiedlichen Versicherungstarifen erstattet dabei die PKV den privat Versicherten die Aufwendungen für die MEDIZINISCH NOTWENDIGE HEILBEHANDLUNG.

Die hier dargestellten Unterschiede von Sachleistungsprinzip und Kostenerstattungsprinzip sowie Solidarbeitrag und risikoäquivalentem Beitrag sind die systematischen Unterscheidungskriterien von GKV und PKV. Hieraus resultiert, dass sich der Versorgungsanspruch des GKV-Versicherten zunächst einmal gegen seine Krankenkasse richtet. Die Krankenkasse erfüllt diesen Anspruch durch die Leistungserbringung ihrer Kassenärzte. PKV-Versicherte haben hingegen keinen Versorgungsanspruch gegen ihre Krankenversicherung, sondern nur einen Kostenerstattungsanspruch.

WIE UND MIT WELCHEN FRISTEN KANN ICH KÜNDIGEN?
Für die Kündigung reicht ein einfacher, formloser, aber unterschriebener Brief. Die Kündigung erfolgt dann zum Ablauf des übernächsten Monats.

WAS PASSIERT BEIM KRANKENKASSENWECHSEL MIT MEINER FAMILIE? WAS PASSIERT MIT MEINEM WAHLTARIF?
Auch für die mitversicherten Familienmitglieder kommt es zu einem nahtlosen Versicherungswechsel. Beim Wahltarif sind die gesetzlichen Bindungsfristen zu beachten, es hängt hier davon ab, ob es sich um einen Selbstbehalt- oder Beitragsrückerstattungstarif handelt.

LASSEN SIE SICH VON DER NEUEN KRANKENKASSE HELFEN!
Häufig unterstützt die neue Krankenkasse Patienten bei der Kündigung der alten Krankenkasse. Bei der neuen Krankenkasse ist ein Mitgliedsantrag auszufüllen. Danach erhält der Patient die Mitgliedsbestätigung der neuen Krankenkasse. Diese ist beim Arbeitgeber einzureichen, bei Arbeitslosen ist sie beim Arbeitsamt einzureichen und bei Studenten der Hochschule oder der Universität.

2. Kann ich meine Krankenkasse (privat oder gesetzlich) wechseln?
Die in der gesetzlichen Krankenkasse Versicherten können nach einer 18-monatigen Bindung die gesetzliche Krankenkasse ohne Beitragsnachteile wechseln. Beschließt die gesetzliche Krankenkasse die Einführung oder die Erhöhung eines Zusatzbeitrages, besteht die Kündigungsmöglichkeit zum Ablauf des der Beitragserhöhung folgenden Kalendermonats.

In der privaten Krankenversicherung kann ein Wechsel des Versicherungsträgers, je nach Dauer des Versicherungsverhältnisses, mit erheblichen finanziellen Nachteilen verbunden sein. Der Wechsel von einem Versicherungstarif zu einem anderen Tarif, zum Beispiel zu einem Tarif mit höheren Selbstbehalten oder eingeschränkten Leistungspaketen, ist hingegen möglich. Der Versicherungsnehmer kann verlangen, dass der Versicherer diese Anträge unter Anrechnung der aus dem Vertrag erworbenen Rechte annimmt.

EIN WECHSEL VON DER PRIVATEN KRANKENVERSICHERUNG IN DIE GESETZLICHE KRANKENKASSE IST NUR UNTER ENGEN VORAUSSETZUNGEN MÖGLICH. AUF JEDEN FALL MÜSSEN DREI VORAUSSETZUNGEN GEGEBEN SEIN:

- das Alter des Patienten darf das 55. Lebensjahr nicht übersteigen,
- das Arbeitsentgelt muss unter 62.550 EUR brutto (2020) liegen,
- im Rahmen einer Selbstständigkeit ist der Wechsel nicht möglich.

3. Die Vor- und Nachteile von PKV und GKV

KLARE VORTEILE DER GKV SIND:

- kostenlose Mitversicherung von Kindern und Familienangehörigen,
- günstigere Beiträge mit steigendem Alter,
- direkte Kostenabrechnung zwischen Arzt/Krankenhaus und Krankenkasse,
- einfacher und unkomplizierter Wechsel der Krankenkasse.

GEGENÜBER DIESEN VORTEILEN DER GKV WERDEN FÜR DIE PKV FOLGENDE VORTEILE INS FELD GEFÜHRT:

- Individuell wählbare Leistungen und eine insgesamt bessere medizinische Versorgung,
- bevorzugte Behandlung durch kürzere Wartezeiten und einen zeitnahen Termin beim Arzt.

Individuell wählbare Leistungen muss der Patient in der privaten Krankenversicherung extra bezahlen. Die entsprechenden Tarife sehen unterschiedliche Beitragsprämien vor. Entsprechendes kann der in der gesetzlichen Krankenkasse versicherte Patient durch den Abschluss von Zusatzversicherungen erreichen. Besonderer Beliebtheit erfreuen sich zum Beispiel die Zahnzusatzversicherung oder die Krankenhauszusatzversicherung. Auch hier sind Mehrkosten für den Patienten die Folge (siehe im Einzelnen auch unter III. 2.).

NÄHERE INFORMATIONEN ZU DEN TARIFEN DER ZUSATZVERSICHERUNGEN:
https://www.test.de/Gesetzliche-Krankenversicherung-Alle-Infos-zum-Thema-Krankenkassen-1151006–0/

Das Argument der bevorzugten Behandlung durch kürzere Wartezeiten und die angeblich bessere medizinische Versorgung der PKV-Patienten wird allerdings durch ein kürzlich in Kraft getretenes Gesetz stark relativiert. Es handelt sich hierbei um das Terminservice- und Versorgungsgesetz (TSVG).

4. Das Terminservice- und Versorgungsgesetz (TSVG)

In der Vergangenheit wurde häufig von GKV-Patienten beklagt, dass viel zu lange Wartezeiten bei Ärzten, insbesondere Fachärzten, bestehen. Dieser Problematik hat sich der Gesetzgeber angenommen und im Mai 2019 das „Gesetz für schnellere Termine und bessere Versorgung“ (Terminservice- und Versorgungsgesetz – TSVG) in Kraft treten lassen. Die einzelnen Regelungsbereiche lassen sich wie folgt darstellen:

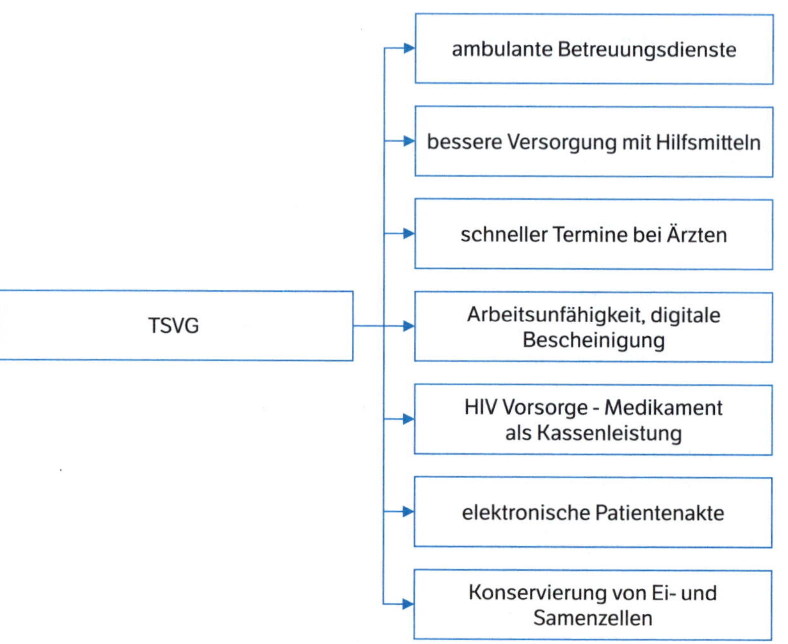

SO ERREICHEN SIE DIE TERMINSERVICESTELLEN: Bundesweit sind die Terminservicestellen rund um die Uhr und jeden Tag unter der TELEFONNUMMER: 116117 erreichbar.

Kern des TSVG ist der Ausbau von regionalen Terminservicestellen, die seit Januar 2020 an sieben Tagen der Woche und 24 Stunden besetzt sind. Die Terminservicestellen sind bei den Kassenärztlichen Vereinigungen eingerichtet.

Parallel hierzu wird das Mindestsprechstundenangebot der Vertragsärzte erhöht. In unterversorgten Gebieten müssen die Kassenärztlichen Vereinigungen Arztpraxen ohne Nachfolger aufkaufen und fortführen, sowie Versorgungsalternativen anbieten. Die Regelungen im Einzelnen:

Patienten sollen schneller Termine durch Weiterentwicklung der Terminservicestellen zu Servicestellen für die ambulante Versorgung und Notfälle erhalten:

- Terminvermittlung zu Kinderärzten und Hausärzten sowie Unterstützung bei der Suche nach dauerhaft versorgenden Haus- und Kinderärzten;
- Gilt auch für die Vermittlung von termingebundenen Kindervorsorgeuntersuchungen (U-Untersuchungen);
- In akuten Fällen werden Patienten während der Sprechstundenzeiten an Arztpraxen, Notfallambulanzen oder Krankenhäuser vermittelt;
- Wartezeit auf eine psychotherapeutische Akutbehandlung darf maximal zwei Wochen betragen;

- Geplante online-Angebote, Termine sollen nicht nur telefonisch, sondern auch online oder per App vereinbart werden können;
- Kassenärzte müssen mindestens 25 Stunden für Sprechstunden pro Woche anbieten, Hausbesuche werden hierbei angerechnet;
- Fachärzte der grundversorgenden und wohnortnahen Versorgung (zum Beispiel Augenärzte, Frauenärzte, HNO-Ärzte) müssen mindestens fünf Stunden pro Woche als offene Sprechstunde anbieten, also ohne vorherige Terminvereinbarung;
- Die Kassenärztlichen Vereinigungen überprüfen die Einhaltung der vorstehenden Regelungen einschließlich der Mindestsprechstunden.

Zur Durchsetzung der vorgestellten Maßnahmen erhalten Kassenärzte zusätzliche Vergütungen, beispielsweise für die erfolgreiche Vermittlung eines dringenden Facharzttermins durch einen Hausarzt oder für akute Leistungen, die von der Terminservicestelle vermittelt werden.

Zur Verbesserung der ärztlichen Versorgung auf dem Land werden durch das TSVG folgende Maßnahmen ergriffen:

- Obligatorische regionale Zuschläge für Landärzte;
- Strukturfonds der Kassenärztlichen Vereinigungen werden verpflichtend und erhöht, sowie die Verwendungszwecke erweitert, zum Beispiel für Investitionskosten bei Praxisübernahmen etc;
- Die Kassenärztlichen Vereinigungen werden verpflichtet, in unterversorgten Gebieten eigene Praxen als Eigeneinrichtungen oder mobile und telemedizinische Versorgungsalternativen anzubieten, wenn es zu wenig niedergelassene Ärzte gibt;
- Die Länder können bestimmen, ob bestehende Zulassungssperren für die Niederlassung in ländlichen oder strukturschwachen Gebieten entfallen können.

Die durch das TSVG beabsichtigten zusätzlichen Leistungen sowie die bessere Versorgung werden bewirkt durch:

- Ausschreibungen für Hilfsmittel, wie zum Beispiel Gehhilfen oder Inkontinenzbedarf, werden abgeschafft. Hierdurch wird sichergestellt, dass es bei der Versorgung mit Hilfsmitteln keine Qualitätseinbußen gibt;
- Bei den Heilmittelerbringern werden die Preise für die Leistungen der Therapeuten angeglichen. Durch bundesweit einheitliche Verträge werden die Zugangsbedingungen der Therapeuten zur Versorgung verbessert und die Therapeuten können unabhängiger über die Behandlung der Patienten entscheiden;

- Für junge Erwachsene wird als gesetzliche Kassenleistung die Konservierung von Keimzellgewebe, Ei- und Samenzellen übernommen, damit diese Patientengruppe zum Beispiel auch nach einer Krebsbehandlung noch Kinder bekommen kann;
- Arzneimittel zur Vorbeugung einer Infektion mit dem HI-Virus werden für Menschen mit erhöhtem Ansteckungsrisiko von der gesetzlichen Krankenkasse übernommen;
- Die Versorgung mit Impfstoffen wird verbessert;
- Reine Betreuungsdienste, also Hilfen bei der Haushaltsführung, Begleitung bei Spaziergängen und so weiter werden für die Leistungserbringung von Sachleistungen in der ambulanten Pflege zugelassen;
- Die Versorgung mit Hebammen wird verbessert, indem zum Beispiel ehemaligen Hebammen der Wiedereinstieg in den Beruf erleichtert wird, Krankenhäuser erhalten Unterstützung, um ihren Hebammen eine geeignete Kinder-Betreuung anzubieten;
- Festzuschüsse für Zahnersatz werden ab 1.10.2020 von 50 % auf 60 % der Kosten für die Regelversorgung erhöht.

Schließlich sieht das TSVG eine Digitalisierung in der Versorgung vor. Hier wird insbesondere folgendes vorgesehen:

- Die elektronische Patientenakte sollte Alltag werden. Hierdurch sollen Patienten einfach, sicher und schnell auf ihre Behandlungsdaten zugreifen können. Die Krankenkassen sollen ihren Versicherten entsprechende Akten anbieten. Wer möchte, soll auch ohne den Einsatz der elektronischen Gesundheitskarte mittels Smartphones oder Tablett auf seine medizinischen Daten zugreifen können (siehe hierzu aber auch noch im Einzelnen weiter unten).
- Im Krankheitsfall soll der „gelbe Schein" wegfallen. Arbeitsunfähigkeitsbescheinigungen sollen ab diesem Zeitpunkt von den behandelnden Ärzten an die Krankenkassen nur noch digital übermittelt werden.
- Apps sollen insbesondere chronisch Kranken helfen, ihren Alltag zu organisieren. Aus diesem Grund wird den Krankenkassen durch den Gesetzgeber gestattet, in den strukturierten Behandlungsprogrammen für chronisch Kranke (Disease-Management-Programm, DMP) digitale Anwendungen zu nutzen.

Die am Eingang dieses Kapitels gestellte Frage, ob es eine Zwei-Klassen-Medizin gibt, dürfte sich nach dem Inkrafttreten des TSVG stark relativiert haben. Sollte der PKV-Patient in Einzelfällen in der Vergangenheit schneller einen Termin beim Arzt erhalten haben, so wird dies heute weniger gelten. Über die Servicestellen müssen Ärzte auch für GKV-Patienten schnelle Termine vergeben. Auch der Leistungsumfang des GKV-Patienten, ob es sich um Zahnbehandlungen, Arzneimittel oder um Impfstoffe handelt, ist ständig erweitert worden.

II. Das Arzt-Patienten-Verhältnis

1. Der Behandlungsvertrag, Inhalt und Zustandekommen

Im Gegensatz zu einem „normalen" Vertrag findet zwischen dem Arzt beziehungsweise dem Krankenhaus einerseits und dem GKV-Patienten kein Geldtransfer statt. Gleichwohl kommt aber über die Behandlung zwischen dem Arzt/Krankenhaus und dem GKV-Patienten ein Vertrag, nämlich der Behandlungsvertrag, zustande. Dieser Behandlungsvertrag ist seit 2013 gesetzlich definiert.

Die entsprechende Regelung findet sich in § 630a BGB. Diese hat folgenden Wortlaut:

Gesetzliche Grundlage:

(1) Durch den Behandlungsvertrag wird derjenige, welcher die medizinische Behandlung eines Patienten zusagt (Behandelnder), zur Leistung der versprochenen Behandlung, der andere Teil (Patient) zur Gewährung der vereinbarten Vergütung verpflichtet, soweit nicht ein Dritter zur Zahlung verpflichtet ist. (2) Die Behandlung hat nach den zum Zeitpunkt der Behandlung bestehenden, allgemein anerkannten fachlichen Standards zu erfolgen, soweit nicht etwas anderes vereinbart ist.

Gegenstand des Behandlungsvertrages ist eine medizinische Behandlung.

Was ist eine medizinische Behandlung?

Die medizinische Behandlung muss nicht unmittelbar Heilzwecken dienen, wie zum Beispiel die Operation eines gebrochenen Fußes. Es fallen auch rein kosmetische Eingriffe, wie zum Beispiel Faltenunterspritzungen, darunter ferner Maßnahmen zur Empfängnisverhütung (Sterilisation), Maßnahmen der Reproduktionsmedizin (pränatale Diagnostik), Geschlechtsanpassung (Kastration), oder auch reine Lifestyle- und Wellnessmedizin, wie zum Beispiel Anti-Aging. Schließlich gehören auch individuelle Gesundheitsleistungen (IgeL) hierzu, ebenso wie die aus religiösen Gründen durchgeführte Beschneidung.

DER ARZT SCHULDET NICHT DEN ERFOLG DER BEHANDLUNG!
Der Arzt schuldet nicht den Erfolg der medizinischen Behandlung, wie dies bei einem Werkvertrag der Fall wäre, sondern nur die ordnungsgemäße Behandlung unter Beachtung der jeweils geltenden allgemein anerkannten fachlichen Standards.

WARUM IST DIE UNTERSCHEIDUNG VON BEDEUTUNG?
Die Abgrenzung spielt eine erhebliche Rolle, wenn es zu einem Behandlungsfehler kommt.

WAS GILT BEI TÄTOWIERUNGEN ODER LABORLEISTUNGEN?
Für das Tätowieren gilt Werkvertragsrecht. Das Entfernen eines Tattoos ist jedoch ein Behandlungsvertrag, soweit ein Arzt tätig wird. Es handelt sich dann um einen Dienstvertrag. Gutachterliche oder laboranalytische Leistungen (Untersuchung menschlicher Substanzen wie Blut-oder Urinproben) sind Werkverträge.

BESTEHT DER HONORARANSPRUCH AUCH BEI EINER FEHLERHAFTEN BEHANDLUNG?
Das Honorar wird auch dann geschuldet, wenn dem Arzt ein Behandlungsfehler unterläuft. Nur bei besonders groben, in der Regel vorsätzlichen oder strafbaren Pflichtverletzungen kommt der Verlust des Honoraranspruchs in Betracht. Etwas anderes kommt in Ausnahmefällen bei Verletzungen der Aufklärungspflicht in Betracht, da in diesen Fällen bereits der Abschluss des Behandlungsvertrages den Schaden darstellt.

Erfasst werden Behandlungen durch (Zahn-) Ärzte, psychologische Psychotherapeuten sowie durch Angehörige anderer Heilberufe, wie den Heilpraktikern, Hebammen, Masseuren, medizinischen Bademeistern, Ergotherapeuten, Logopäden, Physiotherapeuten, Diätassistenten sowie Pflegekräften.

Der Behandlungsvertrag ist ein Dienstvertrag der höheren Art, §§ 611 ff., 627 BGB. Dies bedeutet, dass der Arzt aufgrund der Unberechenbarkeit des menschlichen Körpers den durch die Behandlung erhofften Heilungsverlauf nicht garantieren und daher für den Behandlungserfolg nicht einstehen kann.

Auch wenn der Behandlungsvertrag grundsätzlich ein Dienstvertrag ist, können einzelne Teilleistungen dem Werkvertragsrecht unterliegen. In aller Regel ist dies bei Leistungen des Zahnarztes der Fall: Die zahnprothetische Versorgung, also die Versorgung mit Zahnersatz und Zahnkronen, ist nach der Rechtsprechung, soweit es um die technische Anfertigung des Zahnersatzes geht, nach werkvertraglichen Vorschriften zu bewerten.

Beispiel für eine fehlerhafte Brückenprothese:
Lässt sich ein Patient vom Zahnarzt eine Brücke anfertigen, die nachher nicht passt, so muss geprüft werden, ob dies auf einen Planungsfehler zurückzuführen ist oder auf eine mangelhafte Anfertigung der Brücke. Liegt ein Planungsfehler vor, kann der Patient direkt Ansprüche gegen den Zahnarzt geltend machen. Liegt hingegen ein Ausführungsfehler vor, so muss der Patient dem Zahnarzt zunächst das Recht zur Nachbesserung einräumen. Erst wenn diese mehrfach fehlschlägt, kommen weitere Ansprüche des Patienten gegenüber dem Zahnarzt in Betracht.

Die Gegenleistung für die medizinische Behandlung ist der Honoraranspruch. Während der PKV-Patient Schuldner dieses Anspruches ist, ist die Rechtslage beim GKV-Patienten eine andere. Hier ist Schuldner des Honoraranspruchs nach dem Vergütungssystem des SGB V die Krankenkasse beziehungsweise die Kassenärztliche Vereinigung.

Der Abschluss des Behandlungsvertrages ist grundsätzlich formfrei möglich. Zum Abschluss des Vertrages reicht es aus, wenn sich der Patient willentlich in die Behandlung des Arztes begibt und dieser ihn diagnostisch oder kurativ behandelt oder berät. Dies gilt auch bei fernmündlicher Beratung.

Behandlungsvertrag muss nicht schriftlich abgeschlossen werden:
Allein durch das „sich in Behandlung begeben" und die anschließende Behandlung durch den Arzt kommt ein Behandlungsvertrag zustande. Keinesfalls ist ein schriftlicher Vertrag erforderlich.

Ausnahme: Die Zahnarztbehandlung des GKV-Patienten
Entscheidet sich der GKV-Patient bei zahnärztlichen Behandlungen (insbesondere Füllungen) für eine Leistung, die nicht im Leistungskatalog der GKV enthalten ist, muss der Zahnarzt zuvor in Schriftform auf die Mehrkosten hinweisen. Vor Beginn der Behandlung muss in diesen Fällen ein schriftlicher Vertrag zwischen Zahnarzt und Patient zustande kommen; § 28 Abs. 2 SGB V.

2. Die freie Arztwahl und ihre Einschränkungen
Normalerweise kann man sich seinen Vertragspartner frei aussuchen. Nur in wenigen Fällen besteht ein sogenannter „Kontrahierungszwang", wie zum Beispiel bei den Rundfunk- und Fernsehgebühren. Auch im Gesundheitsrecht gilt grundsätzlich das Recht auf „freie Arztwahl". Dieser Grundsatz wird allerdings für GKV-Patienten durch zahlreiche Ausnahmen aufgeweicht.

Die erste große Ausnahme besteht darin, dass GKV-Patienten sich nur an die Ärzte und Zahnärzte wenden dürfen, die an der vertrags(zahn)-ärztlichen Versorgung teilnehmen. Es handelt sich hierbei um sogenannte Vertrags(zahn)ärzte, oder wie es früher hieß: die Kassen(zahn) ärzte. Andere Ärzte, also die Privatärzte, die über keine Kassenzulassung verfügen, darf der GKV-Patient zwar in Anspruch nehmen, er muss die Kosten aber selbst tragen.

KRANKENKASSEN ÜBERNEHMEN KOSTEN EINER PRIVATBEHANDLUNG NICHT!
Nimmt der GKV-Patient, ohne dass ein Notfall vorliegt, einen Privatarzt in Anspruch, so muss der GKV-Patient für die Kosten der Behandlung komplett selbst aufkommen. Dies gilt auch dann, wenn die erbrachten Leistungen des Privatarztes zum Leistungsumfang der gesetzlichen Krankenkasse gehören.

Eine weitere Einschränkung des Grundsatzes der freien Arztwahl besteht im Rahmen der hausarztzentrierten Versorgung (HzV). Hierunter versteht man eine Form der medizinischen Versorgung, in der der Hausarzt als erste Anlaufstelle für den Patienten sämtliche Behandlungsschritte koordiniert. Der Hausarzt nimmt die Funktion eines Lotsen wahr. Die HzV, die zwischenzeitlich von den gesetzlichen Krankenkassen angeboten werden muss, ist an spezifische Anforderungen gebunden. Dem GKV-Patienten soll hier eine qualitativ besonders hochwertige Behandlung angeboten werden. Im Gegenzug ist der GKV-Patient verpflichtet, nur solche Hausärzte aufzusuchen, die mit seiner Krankenkasse einen entsprechenden Vertrag abgeschlossen haben. Durch die entsprechenden Verträge mit der Krankenkasse verpflichten sich die teilnehmenden Hausärzte an regelmäßigen Qualitätszirkeln und Fortbildungskursen teilzunehmen, ein anerkanntes Qualitätsmanagement-System in ihrer Praxis einzusetzen und ihre Behandlung an speziell für die hausärztliche Versorgung entwickelten Leitlinien auszurichten.

Gesetzliche Grundlagen:
Die Einzelheiten sind in § 73b SGB V geregelt.

Die hausarztzentrierte Versorgung:
Die Teilnahme an der hausarztzentrierten Versorgung ist sowohl für den Hausarzt als auch für den GKV-Patienten freiwillig. Eine Bindungsfrist, die früher zulasten des Patienten vorgesehen war, gilt heute nicht mehr. Die einzige Einschränkung besteht also darin, dass der GKV-Patient, sofern er an der HzV teilnehmen will, einen Hausarzt aufsuchen muss, der mit seiner Krankenkasse einen entsprechenden Vertrag abgeschlossen hat. Ferner darf der GKV-Patient im Rahmen der HzV nur Fachärzte aufsuchen, für die er von seinem Hausarzt eine Überweisung erhalten hat. Eine Ausnahme besteht lediglich für Augenärzte und Gynäkologen.

DER HAUSARZT:
Als Hausärzte werden entweder Allgemeinärzte oder hausärztlich tätige Internisten bezeichnet.

INFORMIEREN SIE SICH BEI IHRER KRANKENKASSE:
GKV-Patienten sollten sich bei ihrer Krankenkasse gezielt nach Hausarztmodellen oder Hausarztprogrammen erkundigen.

Viele Krankenkassen haben im Rahmen der HzV diverse Verträge mit Arztgruppen abgeschlossen und ermöglichen hierdurch ihren Versicherten die Teilnahme an sogenannten Hausarztmodellen oder Hausarztprogrammen.

Eine weitere Einschränkung des Grundsatzes der freien Arztwahl besteht bei Krankenhausaufenthalten. Grundsätzlich besteht auch hier das Recht auf freie Krankenhauswahl bei GKV-Patienten. Dies gilt nicht nur in Notfallsituationen, sondern auch bei geplanten stationären Behandlungen. Auch wenn der behandelnde Arzt in ein Krankenhaus einweist, kann der GKV-Patient ein anderes Krankenhaus wählen. Es gibt allerdings eine Einschränkung:

- Das vom Patienten ausgewählte Krankenhaus muss für die Behandlung von GKV-Patienten zugelassen sein.

Somit gewährleisten die gesetzlichen Krankenkassen den GKV-Patienten eine freie Krankenhauswahl unter den Vertragskrankenhäusern der gesetzlichen Krankenversicherung. Dies bedeutet aber nicht, dass der GKV-Patient auch gleichzeitig im Krankenhaus eine freie Arztwahl hätte. Hier entscheidet das Krankenhaus, welche ärztlichen Fachkräfte zur medizinischen Versorgung des Patienten eingesetzt werden.

Bei PKV-Patienten gelten die vorstehenden Einschränkungen nicht. Bei den privatversicherten Patienten können sich allerdings Einschränkungen aus den individuellen Versicherungsbedingungen des Versicherungsvertrages ergeben. Der PKV-Patient muss also stets prüfen, was im Rahmen seines jeweiligen Tarifes versichert ist. Zudem gelten in der PKV Wartezeiten, das heißt der Versicherungsschutz beginnt nicht sofort mit Abschluss des Versicherungsvertrages, sondern erst nach Ablauf einer im Vertrag bestimmten Wartezeit.

Eine weitere Ausnahme von der freien Arztwahl betrifft die Untersuchung bzw. Behandlung nach Arbeits- und Wegeunfällen. Hier ist der Verunfallte verpflichtet, einen Durchgangsarzt (D-Arzt) aufzusuchen, der darüber entscheidet, ob die „allgemeine Heilbehandlung" ausreicht oder wegen der Schwere der Verletzung die „besondere Heilbehandlung" durchgeführt wird. Durchgangsärzte sind besonders qualifizierte Fachärzte für Chirurgie, Unfallchirurgie oder Orthopädie, die von den Landesverbänden der Deutschen Gesetzlichen Unfallversicherung (DGUV) eine besondere Zulassung erhalten haben.

Exkurs: Darf ein Arzt eine Behandlung ablehnen?
In Notfällen ist jeder Arzt verpflichtet, alle Patienten zu behandeln. Liegt kein Notfall vor, so ist zwischen Vertragsärzten und Privatärzten zu unterscheiden. Der Privatarzt kann seine Patienten grundsätzlich frei auswählen. Demgegenüber darf ein Vertragsarzt einen GKV-Patienten nur unter engen Bedingungen ablehnen und die Behandlung verweigern. Folgende Ablehnungsgründe sind in der Rechtsprechung anerkannt:

- Überlastung des Arztes, wenn der Arzt bereits so viele Patienten behandelt, dass die Aufnahme weiterer Patienten zu erheblichen Wartezeiten führen würde;
- Das Vertrauensverhältnis zwischen Arzt und Patient ist nachhaltig und massiv gestört. Dies ist zum Beispiel der Fall, wenn der Patient gegenüber dem Arzt handgreiflich geworden ist oder dessen Personal beschimpft hat;
- Der Patient verlangt eine fachfremde Behandlung;
- Der Patient verlangt eine ärztlich nicht indizierte Behandlungsmaßnahme, wie zum Beispiel eine Schönheitsoperation;
- Der Patient verlangt Hausbesuche außerhalb des Praxisbereiches ohne zwingenden Grund und ohne Vorliegen eines Notfalls.

Darf ein GKV-Patient zurückgewiesen werden, nur weil er seine elektronische Gesundheitsakte nicht vorlegen kann?
Es kommt immer wieder vor, dass Ärzte sich weigern eine Behandlung durchzuführen, wenn der Patient seine elektronische Gesundheitskarte, (ebenso wie früher die alte Chipkarte) nicht vorlegen kann. Die Behandlungsverweigerung ist rechtlich unzulässig. Der GKV-Patient hat das Recht, seine elektronische Gesundheitskarte innerhalb von zehn Tagen nach der Behandlung nachzureichen. Kommt er dem nicht nach, kann der Arzt eine Privatrechnung ausstellen, die dann der GKV-Patient bezahlen muss, sofern er nicht seinen Versicherungsnachweis bis zum Quartalsende vorlegt.

3. Das Recht auf eine ärztliche Zweitmeinung

Vor einer Operation wollen viele Patienten noch die Meinung eines zweiten Spezialisten hören. Gerade in der Medizin sind in vielen Situationen unterschiedliche Vorgehensweisen denkbar. So kann es sinnvoll sein, mit einem Eingriff zunächst abzuwarten gegenüber einer unmittelbaren Durchführung der Operation. Häufig gibt es darüber hinaus verschiedene Alternativen der Vorgehensweise (konservativ oder operativ) oder auch verschiedene Operationstechniken (allein bei einer Hallux valgus Operation – Korrektur der Großzehe –, die sehr häufig durchgeführt wird, sind weltweit 160 Operationsverfahren bekannt, von denen etwa 12 Verfahren in Deutschland zur Anwendung gelangen).

Gesetzliche Grundlagen:
§ 27b Abs. 1 Satz 1 SGB V bestimmt hierzu:
Versicherte, bei denen die Indikation zu einem planbaren Eingriff gestellt wird, bei dem insbesondere im Hinblick auf die zahlenmäßige Entwicklung seiner Durchführung die Gefahr einer Indikationsausweitung nicht auszuschließen ist, haben Anspruch darauf, eine unabhängige ärztliche Zweitmeinung bei einem Arzt oder einer Einrichtung nach Abs. 3 einzuholen.

Die gesetzlichen Krankenkassen sind verpflichtet, die Kosten für die Zweitmeinung zu übernehmen. Das Recht auf eine Zweitmeinung besteht aber nach der gesetzlichen Regelung nur bei planbaren Operationen sowie bei Operationen, die aus wirtschaftlichen Gründen häufiger angewendet werden als medizinisch unbedingt notwendig wäre. Seit 2018 werden hier einzelne Behandlungen vom Gemeinsamen Bundesausschuss benannt. Es handelt sich bislang um folgende Eingriffe:

- Operationen an den Gaumen- und/oder Rachenmandeln: Tonsillektomien (vollständige Entfernung) und Tonsillotomien (Teilentfernung).
- Entfernung der Gebärmutter (Hysterektomien).

Seit Februar 2020 ist eine weitere Behandlung hinzugekommen, nämlich:

- Gelenkspiegelungen an der Schulter (Arthroskopien).

Bei den vorgenannten Eingriffen kann der gesetzlich krankenversicherte Patient das „strukturierte Zweitmeinungsverfahren" in Anspruch nehmen. Hierunter wird verstanden, dass der Arzt vor der Operation entsprechend aufklären muss und auf geeignete Fachärzte hinzuweisen hat.

Patienten können sich auch an die zuständige Kassenärztliche Vereinigung wenden, um geeignete Fachärzte zu finden. Es werden nur Fachärzte aus dem jeweiligen Gebiet benannt, die bereits über langjährige Erfahrung verfügen und bezüglich Diagnostik und Therapie auf dem neuesten medizinischen Stand sind.

Der Zweitgutachter darf den Patienten nicht selbst operieren!
Der Zweitgutachter darf den Patienten nicht selbst operieren. Im Zweitmeinung-Gespräch geht es nur darum, ob der geplante Eingriff medizinisch notwendig ist und ob es Behandlungsalternativen gibt. Die Beurteilung erfolgt in aller Regel aufgrund der Befunde und Untersuchungsergebnisse, welche die Patienten von ihren Ärzten erhalten. In aller Regel reichen diese Daten aus. Weitere Untersuchungen finden durch den Zweitgutachter nur statt, wenn sie zwingend notwendig sind.

Das strukturierte „Zweitmeinungsverfahren" ist ein freiwilliges Verfahren. Kein Patient muss eine Zweitmeinung einholen. Der Arzt ist aber verpflichtet, den Patienten auf diese Möglichkeit hinzuweisen.

Hier finden Sie die Zweitmeinungsgutachter!
Fachärzte, die aufgrund ihrer besonderen Qualifikation und Unabhängigkeit eine Genehmigung als Zweitmeinungsgutachter erhalten, sind auf der Website des ärztlichen Bereitschaftsdienstes zu finden, und zwar unter www.116117.de/zweitmeinung.

Unabhängig von dem vorstehenden „Zweitmeinungsverfahren" bieten bereits die meisten gesetzlichen Krankenkassen ein freiwilliges Zweitmeinungsverfahren auch für weitere Diagnosen an. In der Regel wird eine Zweitmeinung bei Eingriffen an Wirbelsäule, Hüfte, Knie oder Schulter

ÜBER DAS RECHT AUF EINE ZWEITMEINUNG MUSS AUFGEKLÄRT WERDEN!
Ärzte müssen, wenn sie eine der vorgenannten Operationen empfehlen, ihre Patienten spätestens zehn Tage vor dem geplanten Eingriff darüber aufklären, dass sie das Recht auf eine zweite ärztliche Meinung haben. Zudem müssen Ärzte ihren Patienten vor dem geplanten Eingriff ein Patientenmerkblatt aushändigen, das über das Zweitmeinungsverfahren informiert, inklusive Links zur Arztsuche.

WEITERE INFORMATIONEN ERHALTEN SIE BEI DEM GEMEINSAMEN BUNDESAUSSCHUSS!
Weitere Informationen finden sich unter: www.g-ba.de/richtlinie/107.

WEITERE INFORMATIONEN FINDEN SIE HIER:
Gut verständliche Informationen zu den Eingriffen, zu denen ein Zweitmeinungsverfahren angeboten wird, gibt das Institut für Qualität und Wirtschaftlichkeit im Gesundheitswesen (IQWiG) unter www.gesundheitsinformation.de/zweitmeinung.

HINTERFRAGEN SIE DIE QUALIFIKATION DES ZWEITGUTACHTERS:
Bei den freiwilligen Zweitmeinungsverfahren gibt es unterschiedliche Anforderungen bezüglich der Qualitätsvorgaben. Patienten sollten daher in diesen Fällen die Qualifikation des Zweitgutachters hinterfragen. Ferner sollte mit der Versicherung abgeklärt werden, ob doch eventuell Kosten entstehen und wie lange man auf die Zweitmeinung warten muss.

gewährt. Einige Krankenkassen ermöglichen Patienten auch mit einer Krebsdiagnose eine weitere Begutachtung durch einen Spezialisten. Gleiches gilt für Patienten vor einer Herzoperation.

DER ABLAUF DES ZWEITMEINUNGSVERFAHRENS:
Der Ablauf des freiwillig organisierten Zweitmeinungsverfahrens ist von Krankenkasse zu Krankenkasse unterschiedlich. Einige Krankenkassen stellen den Patienten ein Onlineportal zur Verfügung, über das entsprechende Unterlagen hochgeladen werden können. Auf dem Onlineportal erfolgt sodann auch die Beratung. Andere Krankenkassen vermitteln sogleich Termine bei kooperierenden Fachärzten.

Schließlich gibt es auch private Anbieter für eine ärztliche Zweitmeinung. Konkrete Fragen können mitunter in einem online-Arztgespräch per Video oder Telefon beantwortet werden. Eine informative Seite im Internet findet sich unter https://www.teleclinic.com/Krankheit/Zweitmeinung.

4. Der Einzug der Digitalisierung in die Arztpraxis

Sowohl der Rezept-Zettel als auch die Patienten-Karteikarte dürften bald der Vergangenheit angehören. Der ehemalige Bundesgesundheitsminister Spahn hat der „Zettelwirtschaft im Gesundheitswesen" den Kampf angesagt. Namentlich ist die Rede vom E-Rezept, der Videosprechstunde und der elektronischen Patientenakte (ePA).

Das Bundeskabinett hat am 1.4.2020 den vom damaligen Bundesgesundheitsminister Spahn vorgelegten Entwurf zum Patientendaten-Schutz-Gesetz (PDSG) beschlossen. Danach sollte das elektronische Rezept, das sogenannte E-Rezept, für verschreibungspflichtige Arzneimittel verpflichtend ab dem 1.1.2022 als Anwendung der sicheren Telematikinfrastruktur (TI) eingeführt werden.

EINFACHE ÜBERTRAGUNG VON DOKUMENTEN!
Wenn der Patient sein Rezept in einer anderen Anwendung speichern möchte, soll er es über eine Schnittstelle in der App dorthin weiterleiten können.

GRUNDSATZ DER FREIEN APOTHEKENWAHL BLEIBT BESTEHEN!
Patienten haben die freie Wahl, wo sie ihr Rezept einlösen. Ärzte und Krankenkassen dürfen keine Anbieter empfehlen. Es bleibt somit auch bei digitalen Rezepten bei dem Grundsatz der freien Apothekenwahl des Patienten.

GKV-Versicherte können dann durch eine spezielle App E-Rezepte in einer von ihnen gewählten Apotheke, entweder vor Ort oder auch einer online-Apotheke, einlösen. Die App wird ebenfalls Teil der Telematikinfrastruktur und sollte im Jahr 2021 verfügbar sein.

Auch Überweisungen zu Fachärzten sollen künftig elektronisch übermittelt werden.

Des Weiteren enthält das PDSG weiterführende Regelungen zu der elektronischen Patientenakte (ePA). Durch die elektronische Patientenakte sollen wichtige medizinische Daten, etwa bei einem Notfall, sehr schnell verfügbar sein. Wichtig ist, dass der Patient selbst darüber bestimmen soll, welche Daten in der elektronischen Patientenakte gespeichert werden. Die elektronische Patientenakte ergänzt und erweitert die im Jahr 2015 bereits eingeführte elektronische Gesundheitskarte (eGK). Auf der elektronischen Gesundheitskarte werden neben Notfalldaten, wie zum Beispiel einem Medikationsplan, insbesondere die administrativen Daten der Versicherten, wie Name, Geburtsdatum und Anschrift sowie Angaben zur Krankenversicherung gespeichert. Demgegenüber geht die elektronische Patientenakte wesentlich weiter: In ihr können auch eigene Daten, wie zum Beispiel ein Tagebuch über Blutzuckermessungen, abgelegt werden.

WAS KANN IM EINZELNEN AUF DER NEUEN ELEKTRONISCHEN PATIENTENAKTE ABGESPEICHERT WERDEN?

Neben Befunden, Arztberichten und Röntgenbildern soll ab 2022 auch der Impfausweis, der Mutterpass, dass gelbe U-Heft für Kinder und das Zahn-Bonusheft abgespeichert werden.

WIE KANN DER PATIENT AUF DIE DATEN ZUGREIFEN?

Der Zugriff auf die Daten in der elektronischen Patientenakte soll über das eigene Smartphone oder Tablet möglich sein. Des Weiteren soll der Patient über Smartphone oder Tablet für jedes einzelne der gespeicherten Dokumente bestimmen können, wer außer ihm noch hierauf zugreifen darf. Patienten ohne ein mobiles Endgerät können die elektronische Patientenakte in den Filialen ihrer Krankenkasse einsehen. Hierfür müssen die Krankenkassen ab 2022 die notwendige technische Infrastruktur zur Verfügung stellen.

WIE WIRD SICHERGESTELLT, DASS DIE ELEKTRONISCHE PATIENTENAKTE MIT DATEN BEFÜLLT WIRD?

Patienten haben einen Anspruch darauf, dass der Arzt ihre elektronische Patientenakte befüllt. Für Ärzte und Krankenhäuser wird zu diesem Zweck ein finanzieller Anreiz geschaffen: Für die erstmalige Befüllung erhalten sie 10,00 EUR. Auch bei der weiteren Verwaltung der elektronischen Patientenakte wird Ärzten, Zahnärzten und Apothekern eine spezielle Vergütung gezahlt.

WER ENTSCHEIDET, WAS AUF DER ELEKTRONISCHEN PATIENTENAKTE ABGESPEICHERT WIRD?

Allein der Patient entscheidet, welche Daten abgespeichert oder wieder gelöscht werden und wer auf die elektronische Patientenakte zugreifen darf.

Ab 2023 sollen Patienten ferner die Möglichkeit haben, die in ihrer elektronischen Patientenakte abgelegten Daten auf freiwilliger Basis in anonymisierter und verschlüsselter Form der medizinischen Forschung zur Verfügung zu stellen, sogenannte Datenspende. Nach heftiger Kritik an den datenschutzrechtlichen Regelungen im Referentenentwurf hat der Gesetzgeber zwischenzeitlich die Regelungen nochmals präzisiert: Für die Verarbeitung werden nur die mit einer informierten Einwilligung versehenen freigegebenen Daten pseudonymisiert, verschlüsselt und mit

WER INFORMIERT DEN PATIENTEN ÜBER FUNKTIONSWEISE, ANWENDUNGSBEREICHE UND SO WEITER DER ELEKTRONISCHEN PATIENTENAKTE?

Den gesetzlichen Krankenkassen obliegen insoweit umfangreiche Informationspflichten. Daneben sind die Krankenkassen verpflichtet, Ombudsstellen für ihre Versicherten einzurichten, an die sie sich mit Fragen zur Nutzung der Akte wenden können.

einer Arbeitsnummer gekennzeichnet an ein Forschungsdatenzentrum übermittelt. Parallel hierzu wird das Lieferpseudonym samt Arbeitsnummer an die Vertrauensstellen übermittelt.

Unabhängig hiervon sollen Patienten ihre Daten aus der elektronischen Patientenakte auch im Wege einer ausdrücklichen Einwilligung unmittelbar für die Verarbeitung zu Forschungszwecken zur Verfügung stellen dürfen. Es ist geplant, die Einwilligung dabei auch nur für ein bestimmtes Forschungsvorhaben oder für bestimmte Bereiche der Forschung zu erteilen.

Fraglicher Zeitplan!
Seitens einiger Vertreter aus Politik und Krankenkassenverbänden wird bereits infrage gestellt, ob sich der Zeitplan für die Einführung der elektronischen Patientenakte angesichts der derzeitigen Corona-Pandemie einhalten lässt. Aufgrund der derzeitig veränderten Prioritäten wird es zu Verzögerungen kommen. Offizieller Start der ePA war am 1.7.2021, wobei die technische Infrastruktur noch nicht flächendeckend in den Praxen vorhanden ist. Das soll nach und nach im 3. und 4. Quartal der Fall sein. In den Krankenhäusern muss die ePA am 1.1.2022 laufen. Für Privatversicherte wird die ePA erst 2022 folgen.

5. Ein Ausblick in die Zukunft: Das Digitale-Versorgung-Gesetz
Bereits aus den vorstehenden Ausführungen ist deutlich geworden, dass die Digitalisierung Einzug in das Gesundheitswesen gehalten hat. Es ist davon auszugehen, dass die Digitalisierung in Zukunft noch einen wesentlich größeren Bereich einnehmen wird. Die Einsatzgebiete sind vielfältig. Es handelt sich hierbei zum einen um elektronische Gesundheitsinformationen, wie zum Beispiel interaktive Patienteninformationen für die Selbstdiagnose, einen Impfkalender und so weiter. Daneben kommen auch elektronische Tagebücher wie zum Beispiel ein Diabetes-Tagebuch, Kontrollen des Bluthochdrucks oder für einen Medikationsplan in Betracht. Ferner ist auch an Diagnostik- und Therapie-Software, zum Beispiel zur Diagnostik von Muttermalen oder für ein online-Coaching zu denken. Schließlich sollen durch das Gesetz zur Digital-Versorgung auch die Video-Sprechstunde und online-Beratungsangebote der Ärzte verstärkt genutzt werden. Die Videosprechstunde, die bislang so gut wie gar nicht genutzt wurde, hat während der Corona-Pandemie erste positive Ergebnisse gezeigt. Es muss daher davon ausgegangen werden, dass die Videosprechstunde in Zukunft verstärkt nachgefragt wird.

Die Rahmenbedingungen für diese zukünftigen Anwendungen hat das am 19.12.2019 in Kraft getretene Gesetz zur Digital-Versorgung geschaffen. Zweck des Gesetzes ist es, dass der Arzt auf Kosten der Krankenkassen dem Patienten bestimmte Apps verschreiben kann, damit dieser zum Beispiel seine Diabeteserkrankung eigenständig kontrollieren oder über die App eine Sprechstunde mit dem Arzt durchführen kann.

Bei einer zunehmenden Digitalisierung im Gesundheitswesen spielt in besonderem Maße der Datenschutz eine Rolle. Es muss absolut sichergestellt sein, dass nicht durch Dritte auf hochsensible Patientendaten zugegriffen werden kann. Auch insoweit nimmt das Digitale-Versorgung-Gesetz weitere Konkretisierungen und Präzisierungen vor.

In Verbindung mit dem Digitale-Versorgung-Gesetz steht die Digitale-Gesundheitsanwendungen-Verordnung (DiGAV) vom 8.4.2020. Diese Verordnung regelt im Zusammenhang mit dem Digitale-Versorgung-Gesetz die nähere Ausgestaltung der zukünftigen digitalen Gesundheitsanwendungen (DiGA). Digitale Gesundheitsanwendungen sind „digitale Helfer" in der Hand des Patienten. Im Grunde genommen handelt es sich hierbei um Medizinprodukte, die durch folgende Eigenschaften beschrieben werden können:

- Die Hauptfunktion der DiGA beruht auf digitalen Technologien;
- Der medizinische Zweck wird wesentlich durch die digitale Hauptfunktion erreicht;
- Die DiGA unterstützt die Erkennung, Überwachung, Behandlung und Linderung von Krankheiten;
- Die DiGA kann auch zur Erkennung, Behandlung oder Linderung von Verletzungen oder Behinderungen dienen;
- Die DiGA wird von Patienten oder von Leistungserbringern oder von diesen gemeinsam genutzt.

Bevor eine DiGA verwendet werden darf, muss sie zunächst ein Prüfverfahren beim Bundesinstitut für Arzneimittel und Medizinprodukte (BfArM) erfolgreich durchlaufen haben und in einem neu zu schaffendem Verzeichnis gelistet sein. In diesem Verzeichnis werden für Ärzte, Physiotherapeuten und Nutzer wesentliche Informationen zur DiGA zusammenfassend dargestellt. Nähere Einzelheiten hierzu finden sich auf der Homepage des BfArM: www.bfarm.de.

6. Telemedizin

Wesentlich älter als die vorbeschriebenen Gesetzesvorhaben ist die sogenannte Telemedizin. Telemedizinische Verfahren werden seit den 1980er-Jahren erprobt. Ausgangspunkt war die räumliche Trennung von Arzt und Patient, insbesondere in der Raumfahrt, bei Expeditionen aber auch bei militärischen Einsätzen. Telemedizin findet heutzutage in vielfältiger Weise Anwendung. Sie reicht vom Austausch zwischen Ärzten bis hin zur Tele-Rehabilitation, bei der der Therapeut mit dem Patienten mittels Video-Chat therapeutische Übungen durchführt. Gemeinsam ist den Anwendungsbereichen zumeist die räumliche Trennung von Arzt und Patient. Bereits auf dem Ärztetag im Jahr 2017 wurde festgestellt, dass Telemedizin kein Instrument ist, um Qualitätsstandards konventioneller medizinischer Behandlungen zu unterlaufen. Vielmehr sollen telemedizinische Verfahren nur dann zur Anwendung kommen, wenn konventionelle Methoden unter Berücksichtigung der spezifischen Anforderungen des Verfahrens, des Orts und der Zeit der Inanspruchnahme nicht verfügbar sind oder nur mit einem unverhältnismäßig hohen Aufwand verfügbar gemacht werden können.

WEITERE INFORMATIONEN ZUR TELEMEDIZIN FINDEN SIE HIER:
Über die große Anzahl von Anwendungsbereichen der Telemedizin, nämlich vom Adipositas-Begleiter bis hin zur videobasierten Versorgung von Parkinson-Patienten informiert das Deutsche Telemedizin Portal sowie die Internet-Seite: www.informationsportal.vesta-gematik.de.

III. Wenn mehrere Ärzte zusammenarbeiten: Was ist eine Praxisgemeinschaft, eine Gemeinschaftspraxis oder ein MVZ?

Da auch in der Medizin die Entwicklung immer weiter voranschreitet, nimmt entsprechend auch die Spezialisierung der Ärzte zu. Vor diesem Hintergrund bietet es sich an, dass mehrere Ärzte zusammenarbeiten, um ihre Patienten in den Genuss der einzelnen Spezialisierungen gelangen zu lassen. Die Möglichkeiten einer Zusammenarbeit von Ärzten sind vielfältig. Der Patient sollte die einzelnen Strukturen kennen, damit er weiß, wer überhaupt sein Ansprech- oder Vertragspartner ist.

Die lockerste Form der Zusammenarbeit sind sogenannte Praxisnetze. Es handelt sich hierbei um regionale Zusammenschlüsse von Vertragsärzten verschiedener Fachrichtungen und psychologischen Psychotherapeuten. In einem Praxisnetz bleibt die Selbstständigkeit der ärztlichen und psychotherapeutischen Tätigkeit bewahrt. Das Ziel der mittlerweile mehr als einhundert Praxisnetze in Deutschland ist es, Qualität und Effizienz der Versorgung der Patienten zu verbessern. Praxisnetze sind sehr unterschiedlich ausgestaltet, sie reichen von losen Treffen der beteiligten

Ärzte/Psychotherapeuten bis zu Gesundheitsunternehmen zur Optimierung der Versorgungs- und Vergütungsstrukturen.

Eine etwas engere Form der Zusammenarbeit stellen die Organisationsgemeinschaften dar. Die Organisationsgemeinschaften untergliedern sich in:

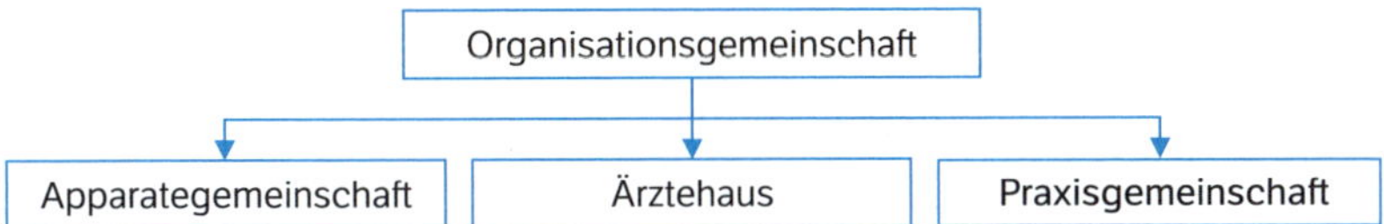

Die Organisationsgemeinschaften sind dadurch gekennzeichnet, dass sich die einzelnen Ärzte Räumlichkeiten, medizinische Geräte und/oder nichtärztliches Personal teilen, beziehungsweise gemeinsam nutzen. Jeder Arzt ist hier allein und eigenverantwortlich tätig. Der Behandlungsvertrag kommt zwischen dem einzelnen Arzt und dem Patienten zustande.

Eine wesentlich engere Form der Zusammenarbeit sind die Berufsausübungsgemeinschaften (BAG), die früher als Gemeinschaftspraxen bezeichnet wurden. Die BAG sind Unternehmen, zu denen sich die einzelnen Ärzte zum Zwecke der gemeinsamen Berufsausübung auf der Grundlage eines Gesellschaftsvertrages zusammengeschlossen haben. Die BAG hat eine einheitliche, gemeinsame Patientenkartei, sie rechnet über eine gemeinsame Abrechnungsnummer ab und erhält ein gemeinsames Honorar. Der Behandlungsvertrag kommt hier nicht mit dem einzelnen Arzt zustande, sondern zwischen der BAG und dem Patienten. Auch bei der BAG sind verschiedene Ausprägungen zu unterscheiden.

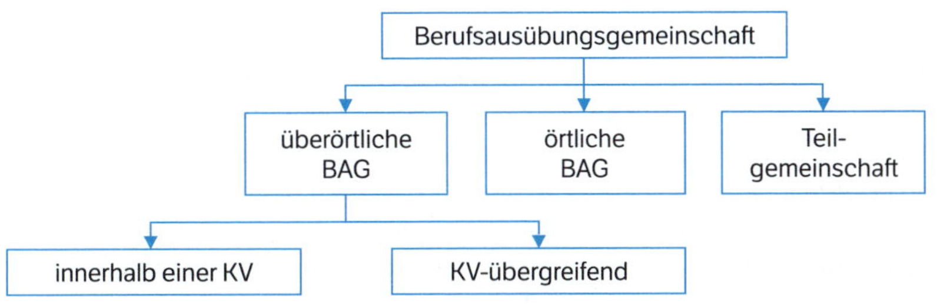

Die örtliche BAG verfügt lediglich über einen Praxissitz, ist also nur an einem Ort tätig. Demgegenüber verfügt eine überörtliche BAG über mehrere (mindestens zwei) Niederlassungen. Bei der Teilgemeinschaft

HINWEISE FÜR ÄRZTE:
Bei einer Praxisgemeinschaft ist unbedingt darauf zu achten, dass unter den Ärzten nicht beliebig gegenseitige Vertretungen erfolgen können. Der Patientenstamm ist zu trennen! Anderenfalls drohen erhebliche Regresse durch die Krankenversicherungen.

WARUM IST ES FÜR MICH ALS PATIENT WICHTIG ZU WISSEN, OB DER VERTRAG ZWISCHEN MIR UND DEM ARZT ODER DEM ÄRZTEHAUS ZUSTANDE KOMMT?
Diese Frage spielt eine erhebliche Rolle im Falle eines Behandlungsfehlers. Würde der Patient das Ärztehaus verklagen, so würde eine Klage bereits daran scheitern, dass das Ärztehaus gar nicht sein Vertragspartner war.

beschränkt sich die Zusammenarbeit der einzelnen Ärzte auf bestimmte medizinische Teilbereiche.

Eine weitere Form der Zusammenarbeit ist das sogenannte Jobsharing. Ein Vertragsarzt darf nur aufgrund einer ihm von der Kassenärztlichen Vereinigung erteilten Zulassung GKV-Patienten behandeln. In bestimmten Gegenden und für bestimmte ärztliche Fachrichtungen bestehen sogenannte Zulassungsbeschränkungen. Eine Zulassung wird in diesen Fällen nur erteilt, wenn ein Vertragsarztsitz freigeworden ist oder aufgrund besonderer Nachfrage neu geschaffen wird. Um jungen Ärzten gleichwohl den Zugang in die vertragsärztliche Versorgung zu ermöglichen, hat der Gesetzgeber das sogenannte Jobsharing geschaffen. Hier teilt ein zumeist älterer Arzt seinen Vertragsarztsitz mit einem im Regelfall jüngeren Kollegen. Beide Ärzte werden dann auf einem Vertragsarztsitz tätig. Es ist den beiden Jobsharing-Partnern aber nur gestattet bis zu 103 % des Durchschnitts der betreffenden Facharztgruppe an Umsatz zu erwirtschaften (§ 101 Abs. 1 Nr. 4 und 5 SGB V, Nr. 23c Bedarfsplanungs-Richtlinie Ärzte). Ein Unterlaufen der Zulassungsbeschränkungen soll durch diese Regelung unterbunden werden.

Schließlich sind in den letzten Jahren immer häufiger Medizinische Versorgungszentren (MVZ) entstanden. MVZ sind in der gesetzlichen Definition, § 95 SGB V, ärztlich geleitete Einrichtungen, in denen Ärzte als Angestellte oder Vertragsärzte tätig sind. MVZ wurden durch die Gesundheitsreform 2003 eingeführt. Ziel war es, die damalige Versorgung durch einen neuen Versorgungstyp zu verbessern. Bislang galt in Deutschland die sogenannte Sektorentrennung, also die Trennung zwischen ambulanter Versorgung, die in den Händen der Vertragsärzte lag, und der stationären Versorgung, die von den Krankenhäusern durchgeführt wurde. Das MVZ stellte einen Mischtyp dar und war in Anlehnung an die Polikliniken der DDR konzipiert. Vorrangig wurde durch das MVZ die Sektorentrennung insoweit aufgehoben, als die Krankenhäuser von nun an verstärkt über MVZ ambulante Behandlungen durchführten. Aus diesem Grunde sind auch heute noch viele MVZ an Krankenhäuser angegliedert. In den MVZ werden sowohl angestellte Ärzte als auch Ärzte mit eigenem Vertragsarztsitz tätig. Der Behandlungsvertrag kommt in diesen Fällen mit dem MVZ zustande.

Wie kann ich erkennen, ob eine Gemeinschaftspraxis, Praxisgemeinschaft oder ein MVZ mir als Patient gegenübertritt?
Bei einer Praxisgemeinschaft werden in aller Regel auf dem Praxisschild die Namen aller Ärzte aufgeführt. Häufig findet sich auch der ausdrückliche Hinweis: Praxisgemeinschaft. Bei einer Gemeinschaftspraxis

werden häufig auch die Namen aller Ärzte auf dem Schild oder dem Briefbogen geführt. Hier findet sich aber meistens ebenfalls ein Hinweis darauf, dass es sich um eine Gemeinschaftspraxis/BAG handelt. Beim MVZ hingegen werden häufig nicht die Namen der einzelnen Ärzte auf dem Praxisschild geführt, sondern nur die Bezeichnung des MVZ.

IV. Der Arzt als Kaufmann: IGeL

Der Begriff IGeL steht für „individuelle Gesundheitsleistungen“. Es handelt sich also um Leistungen, für die die gesetzlichen Krankenkassen nicht leistungspflichtig sind oder deren Bezahlung anderen Leistungserbringern, wie zum Beispiel der gesetzlichen Unfall- oder Rentenversicherung, obliegt. Im Regelfall muss der GKV-Patient diese Leistungen selbst bezahlen. IGeL-Leistungen sind solche Leistungen, die nach der Entscheidung des Gemeinsamen Bundesausschusses (G-BA) in den Richtlinien nach § 92 SGB V von der Leistungspflicht der gesetzlichen Krankenversicherung ausgeschlossen wurden, weil sie über das definierte Maß einer ausreichenden, zweckmäßigen und wirtschaftlichen Patientenversorgung hinausgehen.

Manche gesetzlichen Krankenkassen bezahlen bestimmte IGeL-Leistungen auch, obgleich sie nicht zum Leistungskatalog der gesetzlichen Krankenversicherung gehören, oder sie bieten diese Leistungen im Rahmen von privaten Zusatzversicherungen an.

Bei IGeL-Leistungen handelt es sich also um Leistungen, für die nach Ansicht des Gemeinsamen Bundesausschusses (G-BA) keine ausreichenden Belege für ihren Nutzen vorliegen. Dabei kann es sich zum Beispiel um neuartige Leistungen handeln, die zwar im Krankenhaus von der gesetzlichen Krankenkasse übernommen werden, aber nicht im ambulanten Bereich. Im Krankenhaus dürfen Leistungen zulasten der gesetzlichen Krankenkassen erbracht werden, solange sie nicht ausdrücklich ausgeschlossen werden. In der ambulanten Versorgung hingehen müssen Leistungen auf ihren Nutzen hin geprüft und ausdrücklich zugelassen werden, bevor die gesetzlichen Krankenkassen sie übernehmen.

WELCHE IGEL-LEISTUNGEN GIBT ES?
Das Angebot ist kaum überschaubar. Der größte Teil der heutzutage angebotenen IGeL-Leistungen betrifft Früherkennungs- oder Vorsorgeuntersuchungen.

IGEL MÜSSEN GRUNDSÄTZLICH VOM PATIENTEN BEZAHLT WERDEN!
IGeL-Leistungen können von Vertragsärzten und privaten Ärzten gegenüber GKV-Patienten nur im Rahmen einer Privatbehandlung gegen Selbstzahlung erbracht werden. Hierüber ist mit dem GKV-Patienten vor Beginn der Behandlung ein schriftlicher Behandlungsvertrag abzuschließen; § 18 Abs. 8 Bundesmantelvertrag-Ärzte.

ERKUNDIGEN SIE SICH BEI IHRER KRANKENKASSE!
Patienten sollten sich auf jeden Fall vor Abschluss eines IGeL-Vertrages bei ihrer Krankenkasse erkundigen, ob die Leistung dort übernommen oder eine gleichwertige Leistung angeboten wird.

Beispiel für die häufigsten IGeL:
Glaukom-Früherkennung (grüner Star), Ultraschall der Eierstöcke, der Brust oder der Halsschlagader, PSA-Test, extra Ultraschalluntersuchung während der Schwangerschaft.

WEITERE INFORMATIONEN ERHALTEN SIE HIER:
Neben der Hilfestellung bei der Krankenkasse gibt es auch einen IGeL-Monitor vom Spitzenverband der Krankenkassen über den wissenschaftlich geprüfte Fachinformationen zu zahlreichen IGeL-Leistungen abgefragt werden können: https://www.igel-monitor.de.

Eine IGeL-Liste, der sämtliche Leistungen zu entnehmen wären, existiert nicht.

KÖNNEN IGEL-LEISTUNGEN SINNVOLL SEIN?
Einzelne Leistungen können sehr wohl sinnvoll und empfehlenswert sein. Es handelt sich hierbei zum Beispiel um ärztliche Atteste, Beratung vor Fernreisen und Reiseimpfungen, Untersuchung und Bescheinigung bei Reiserücktritt oder medizinisch-kosmetische Eingriffe. In diesen Fällen besteht häufig keine medizinische Indikation, wie zum Beispiel bei Schönheitsoperationen oder der Entfernung von Tattoos.

BIETEN ALLE ARZTPRAXEN IGEL AN?
Nein, die Einstellung von Ärzten zu IGeL ist sehr unterschiedlich. In manchen Praxen werden diese Leistungen intensiv beworben, da sie für den Arzt oftmals ein lukratives weiteres Einkommen darstellen. Andere Praxen bewerben IGeL-Leistungen so gut wie gar nicht, auf konkrete Nachfrage werden aber auch hier Reiseimpfungen, Atteste oder andere Leistungen dieser Art erbracht. Näheren Aufschluss gibt regelmäßig die Homepage des jeweiligen Arztes beziehungsweise der Arztpraxis.

WELCHES SIND DIE HÄUFIGSTEN IGEL-LEISTUNGEN UND WIE WERDEN SIE VOM NUTZEN HER BEWERTET?
Auf Platz eins der häufigsten IGeL steht die Augeninnendruckmessung zur Früherkennung eines Glaukoms (grüner Star). Der IGeL-Monitor bewertet diese Leistung als „tendenziell negativ".

Auf Platz zwei folgt der Ultraschall der Eierstöcke zur Krebsfrüherkennung. In Studien konnte bisher kein Nutzen für diese Leistung gezeigt werden. Wissenschaftliche medizinische Leitlinien raten von dieser Untersuchung ab. Durch die Untersuchung kann auch Schaden verursacht werden. Ergibt sich durch den Ultraschall zum Beispiel ein Verdacht auf Eierstockkrebs, der sich schließlich nicht bestätigt, kann dies die betroffenen Frauen emotional stark belasten. Im schlimmsten Fall kann es zu unnötigen Operationen kommen.

Auf Platz drei folgt der Ultraschall der Brust im Rahmen der Krebsfrüherkennung bei Frauen. Im IGeL-Monitor wird der Nutzen dieser Leistung als „unklar" bezeichnet.

Auf Platz vier rangiert der PSA-Test zur Früherkennung von Prostatakrebs bei Männern. Die Bewertung im Igel-Monitor lautet: „tendenziell negativ". Die Begründung ist gleichlautend wie beim Ultraschall der Eierstöcke (Platz 2).

Weitere Bewertungen finden sich, wie bereits erwähnt, unter www.igel-monitor.de.

Für einen Arzt ist es regelmäßig lukrativer eine IGeL-Leistung abzurechnen als die entsprechende Leistung als Kassenleistung. Häufig sind daher Ärzte geneigt, dem Patienten eine normale Kassenleistung als IGeL-Leistung „zu verkaufen". Häufig passiert dies bei einer Osteodensitometrie (Knochendichtemessung). Diese Leistung kann zur Abklärung einer Osteoporose, also dem Knochenschwund, dienen. Die Osteoporose tritt überwiegend bei Frauen auf. Grund hierfür ist ein verringerter Hormonspiegel an Östrogen nach den Wechseljahren. Daneben kann die Osteoporose aber auch Begleiterscheinung zu anderen Krankheiten oder die Folge von Medikamentenbehandlungen sein. Ein wichtiges Mittel zur Diagnose dieser Erkrankung ist die Knochendichtemessung. Hierbei wird die Knochenfestigkeit anhand des Mineralsalzgehaltes und der Knochenqualität bestimmt. Es existieren verschiedene Messverfahren. Von den Krankenkassen anerkannt ist die sogenannte DXA-Messung. Dies ist eine strahlungsarme Röntgenmethode, bei der in der Regel Hüfte und Lendenwirbel geröntgt werden.

WICHTIGE HINWEISE FÜR DEN ARZT:
Der Arzt darf dem Patienten keine IGeL-Leistungen aufdrängen. Im Vertrag müssen die voraussichtlichen Kosten für die Leistung aufgeführt werden. Der Arzt muss nach Durchführung der Behandlung eine ordnungsgemäße Rechnung ausstellen. Klärt der Arzt über die IGeL-Leistung nicht ausreichend auf und hätte der Patient bei ordnungsgemäßer Aufklärung die Leistung nicht in Anspruch genommen, so kann dies Schadensersatzansprüche des Patienten begründen.

WORAUF SOLLTE DER PATIENT BEI EINER KNOCHENDICHTEMESSUNG ACHTEN?

VORSICHT: Einige Ärzte versuchen immer wieder die Knochendichtemessung als IGeL-Leistung abzurechnen, da dies für sie lukrativ ist. Hier muss man aber wissen, dass Patienten mit einer ärztlich diagnostizierten Osteoporose alle fünf Jahre Anspruch auf eine von der Krankenkasse bezahlte Knochendichtemessung haben. Die Knochendichtemessung kann nach fünf Jahren wiederholt werden, bei begründetem Anlass auch früher. Des Weiteren haben auch Patienten mit einem erhöhten Osteoporose-Risiko, dies können zum Beispiel chronisch kranke Patienten sein, einen Anspruch auf die Knochendichtemessung als Kassenleistung.

IGEL KANN ZUR KASSENLEISTUNG WERDEN, WENN ERKRANKUNG VORLIEGT!
Als reine Früherkennung ist die Knochendichtemessung immer eine IGeL-Leistung. Dies gilt so lange bis noch keine Krankheitsanzeichen vorhanden sind. Wird die Knochendichtemessung hingegen als Therapieentscheidung, also zum Beispiel zur Verordnung von Medikamenten durchgeführt, so kann die Leistung als Kassenleistung erbracht werden. Hierüber sollte sich der Patient vor Beginn der Maßnahme bei seinem Arzt erkundigen.

Gegebenenfalls sollte ein anderer Vertragsarzt aufgesucht werden!
Sollte der Arzt in der vorbeschriebenen Situation dem Patienten mitteilen, dass er die Knochendichtemessung in Ermangelung einer entsprechenden Zulassung/Genehmigung nicht als Kassenleistung durchführen darf, so mag dies zutreffend sein. An einer Genehmigung kann es zum Beispiel fehlen, wenn der Arzt bei der Kassenärztlichen Vereinigung

die Genehmigung für das DXA-Messgerät erst gar nicht beantragt hat oder die Genehmigung zurückgegeben hat, um diese Leistung zukünftig als lukrative IGeL-Leistung abzurechnen. Auch in diesem Fall muss der Arzt dem Patienten einen Kollegen mitteilen, der die Knochendichtemessung als Kassenleistung erbringt.

V. Die Verordnung von Vorsorgemaßnahmen durch den Arzt

Medizinische Vorsorgemaßnahmen sollen helfen, Krankheiten und Gesundheitsrisiken vorzubeugen. Vorsorgemaßnahmen können verordnet werden, wenn eine ärztliche Behandlung mit Arznei-, Heil- oder und Hilfsmitteln nicht ausreichend ist. Weitere Gründe zur Verordnung können berufliche oder familiäre Umstände sein, die einer anderweitigen Behandlung entgegenstehen. Vorsorgeleistungen werden umgangssprachlich als „Kur“ bezeichnet.

WAS IST DER UNTERSCHIED ZWISCHEN VORSORGE UND REHABILITATION?
Die Vorsorge dient dazu, zukünftige Krankheiten zu verhüten oder die bereits geschwächte Gesundheit zu verbessern und dadurch eine drohende Krankheit zu verhindern. Ziel der Vorsorge ist stets Hilfe zur Selbsthilfe. Der Patient soll in die Lage versetzt werden, eigenverantwortlich die Gesundheit auch über die Kur hinaus zu stärken. Im Gegensatz zu einer Reha-Maßnahme liegen bei der Vorsorge noch keine längerfristigen Aktivitätsbeeinträchtigungen beim Patienten vor. Von einer längerfristigen Beeinträchtigung spricht man, wenn die Beeinträchtigung länger als sechs Monate besteht.

Demgegenüber dient eine Rehabilitation dazu, bei einer bereits bestehenden Erkrankung bleibende Einschränkungen oder gar eine Verschlimmerung der Erkrankung zu vermeiden.

WELCHE MEDIZINISCHEN VORSORGELEISTUNGEN SIEHT DAS GESETZ VOR?
Das Gesetz unterscheidet zwischen medizinischen Vorsorgeleistungen (§ 23 SGB V) und medizinischer Vorsorge für Mütter und Väter (§ 24 SGB V).

Ambulante Vorsorge in anerkannten Kurorten
Bei ambulanten Vorsorgeleistungen in anerkannten Kurorten werden medizinische Leistungen mit ortsgebundenen und/oder kurortspezifischen Heilmitteln kombiniert. Ziel ist die Erhaltung oder Wiederherstellung der Gesundheit sowie eine Verhaltensbeeinflussung bei

Risikofaktoren. Ambulante Vorsorge soll dem Patienten helfen, die in seiner Lebensweise begründeten gesundheitsgefährdenden Faktoren zu erkennen und sein Verhalten zu verändern. Liegen die Voraussetzungen vor, genehmigt die Krankenkasse die ambulante Vorsorgeleistung und stellt den sogenannten Kurarztschein aus. Dieser dient dem Patienten als Behandlungsausweis und zur Dokumentation der Untersuchungen des Kurarztes.

Der vom Patienten gewählte Kurarzt erbringt ärztliche Leistungen und verordnet auch weitere nicht-ärztliche Leistungen, zum Beispiel Heilmittel oder Seminare zur Rauchentwöhnung.

Welche Angaben sind zu machen:

- Grund für die Vorsorgemaßnahme
- relevante Diagnose und Gesundheitsstörungen einschließlich Risikofaktoren
- aktuelle Befunde und Behandlungsmaßnahmen der letzten zwölf Monate
- besondere Anforderungen an den Kurort
- Empfehlung einer Kompaktkur.

Durch eine Kompaktkur sollen eine indikationsspezifische Ausrichtung der Patienten mit gleichen oder ähnlichen Krankheitsbildern erreicht werden, Beispiel: Rückenleiden. Die Behandlung und Betreuung dieser Patienten am Kurort sollen während der gesamten Dauer in stabilen Gruppen erfolgen. Aufgrund der Angaben des Vertragsarztes prüft die Krankenkasse ihre Leistungspflicht und stellt den Kurarztschein aus. Der Kurarztschein wird dem Vertragsarzt zu Beginn der Maßnahme durch den Patienten vorgelegt und ist vom Vertragsarzt zu ergänzen.

Bei medizinischer Vorsorge für Mütter und Väter (§ 24 SGB V) unterscheidet das Gesetz zwischen Mutter-/Vater-Kind-Kuren und Vorsorgemaßnahmen gegenüber der Mutter oder dem Vater, wenn ein Kind mitbehandelt werden muss.

BEGRENZTE GÜLTIGKEIT DER BEWILLIGUNG!
Die Bewilligung von Kuren durch die Krankenkassen ist häufig nur für einen gewissen Zeitraum gültig (in der Regel sechs Monate). Der Antrag sollte daher nicht zu früh gestellt werden. Die Formulare für die oben beschriebenen Kuren können auf der Homepage der kassenärztlichen Bundesvereinigung, www.kbv.de (Themen A-Z: Vorsorge/Kur) heruntergeladen werden.

WELCHE KOSTEN ENTSTEHEN FÜR DEN PATIENTEN?

Bei stationären Kuren werden die Behandlung und die Unterkunft von der Krankenkasse übernommen. Bei Versicherten, die das 18. Lebensjahr vollendet haben, werden Zuzahlungen verlangt. Die Höhe der Zuzahlungen variiert zwischen den einzelnen Krankenkassen. Bei ambulanten und Kompaktkuren beteiligt sich die Krankenkasse an Unterkunft und Verpflegung mit Zuschüssen. Ferner werden die Kosten für den Kurarzt und die Kurmittel wie Bäder und Massagen von der Krankenkasse übernommen. Zuzahlungen von Patienten werden aber auch hier für verordnete Arznei-, Verbands- oder Hilfsmittel, wie zum Beispiel Krankengymnastik, Bäder oder Massagen verlangt.

WIE BEANTRAGE ICH EINE KUR?
An erster Stelle steht das Beratungsgespräch beim Hausarzt. Im Bedarfsfall verordnet er eine Kur. Sodann erhält der Patient einen Antrag von seiner Krankenkasse auf ambulante oder stationäre Vorsorgeleistung. Der Arzt hilft im Regelfall beim Ausfüllen des Formulars. Im Antrag ist auch ein ärztliches Attest für den Arzt enthalten. Mit diesem Attest bestätigt der Arzt die medizinische Notwendigkeit. Die Krankenkasse prüft sodann den Antrag und benachrichtigt den Patienten. Gegen die Entscheidung der Krankenkasse sind Rechtsmittel möglich.

WIE VERHÄLT ES SICH MIT DEN FAHRTKOSTEN ZUM KURORT?
Bei einem stationären Aufenthalt werden die Kosten in der Regel von der Krankenkasse übernommen. Aber auch hier sind in der Regel Zuzahlungen vom Patienten zu leisten.

MUSS DER PATIENT WÄHREND DER DAUER DER KUR URLAUB NEHMEN?
Nein, nach § 10 BUrlG dürfen Maßnahmen der medizinischen Vorsorge und Rehabilitation nicht auf gesetzlichen Urlaub angerechnet werden.

WIE OFT KANN EINE KUR WIEDERHOLT WERDEN UND WIE LANGE SOLLTE SIE DAUERN?
Eine Kur kann bei medizinischer Notwendigkeit nach Ablauf von drei Jahren erneut beantragt werden, sie sollte wenigstens zwei Wochen dauern.

KANN DIE KUR AUCH IM AUSLAND DURCHGEFÜHRT WERDEN?
Grundsätzlich ja, der Patient muss allerdings die Kosten vorverauslagen. Ein Erstattungsanspruch besteht in der Regel in Höhe der Kosten einer entsprechenden Kur im Inland. In diesem Fall sollte aber unbedingt vor Antritt der Kur im Ausland Rücksprache mit der Krankenkasse genommen werden.

HINWEIS FÜR DEN ARZT: ACHTUNG REGRESSE!
Bei der Verordnung von Heil-, Hilfs- und Arzneimitteln ist in jedem Einzelfall streng auf das Bestehen einer medizinischen Indikation zu achten.
Die Prüfungsstellen der Ärzte und Krankenkassen sind in den vergangenen Jahren vermehrt dazu übergegangen die Wirtschaftlichkeit der Verordnungsweise streng und kritisch zu prüfen. Hier drohen erhebliche Regresse gegen den verordnenden Arzt.

Zusammenfassung:

- Von einer „Zwei Klassen-Medizin“ kann nicht (mehr) gesprochen werden. Welche Versicherungsform gewählt werden sollte, ist eine individuelle Frage und kann nicht pauschal beantwortet werden.
- Gegen wen Schadensersatzansprüche geltend zu machen sind, hängt davon ab, in welcher Kooperationsform die Arztpraxis betrieben wird.
- Die Digitalisierung hat längst Einzug in die Arztpraxis erhalten – hier wir in den nächsten Jahren noch viel geschehen.
- Der Arzt schuldet aus dem Behandlungsvertrag keinen Erfolg der Behandlung. Ein ausgebliebener Erfolg lässt daher nicht den Rückschluss zu, dass fehlerhaft vorgegangen wurde.
- Die Durchführung eines Zweitmeinungsverfahrens ist grundsätzlich zu empfehlen, um unnötige Operationen zu vermeiden!
- IGEL können eine sinnvolle Ergänzung zum Leistungskatalog der GKV sein. Eine eingehende Beratung durch den behandelnden Arzt ist jedoch zu fordern.

Meine Rechte im Krankenhaus

Das zweite Kapitel hat die stationäre Behandlung im Krankenhaus von der Aufnahme bis zur Entlassung zum Gegenstand. Es werden die verschiedenen Krankenhausverträge vorgestellt und insbesondere die Wahlleistungsvereinbarungen erläutert. Auch das Thema „Patientenverfügung" wird thematisiert.

2. Meine Rechte im Krankenhaus

I. Was schuldet das Krankenhaus? Die Unterbringung und Pflege oder auch die Behandlung? Der Krankenhausvertrag

Als Krankenhausvertrag wird ein Vertrag bezeichnet, der sich über die stationäre Krankenhausbehandlung verhält. Der Krankenhausvertrag ist ein Unterfall des Behandlungsvertrages. Eine stationäre Krankenhausbehandlung liegt dann vor, wenn der Patient wenigstens einen Tag und eine Nacht im Krankenhaus verbringt. Ist der Aufenthalt im Krankenhaus kürzer, so liegt eine ambulante Krankenhausbehandlung vor.

Es gibt drei verschiedene Arten von Krankenhausverträgen:

- Den einheitlichen oder totalen Krankenhausvertrag;
- Den einheitlichen Krankenhausvertrag mit Arztzusatzvertrag;
- Den gespaltenen Krankenhausvertrag.

WARUM IST DIE UNTERSCHEIDUNG ZWISCHEN DEN VERSCHIEDENEN KRANKENHAUSVERTRÄGEN WICHTIG?
Im Schadensfall muss entschieden werden, wer für den entstandenen Schaden haftet. Je nach Art des Krankenhausvertrages kann dies entweder das Krankenhaus oder der behandelnde Arzt sein.

1. Der einheitliche oder totale Krankenhausvertrag

Dies ist der Krankenhausvertrag, der in aller Regel mit dem Patienten abgeschlossen wird. Bei diesem Vertrag steht auf der einen Seite der Patient und auf der anderen Seite das Krankenhaus beziehungsweise der Krankenhausträger. Das Krankenhaus beziehungsweise der Krankenhausträger verpflichtet sich gegenüber dem Patienten zur Unterbringung, pflegerischen Betreuung und ärztlichen Versorgung. Da das Krankenhaus beziehungsweise der Krankenhausträger in diesen Fällen der einzige Vertragspartner des Patienten ist, haftet es/er bei einem Behandlungsfehler gegenüber dem Patienten. Dies gilt auch dann, wenn der Behandlungsfehler durch eine Pflegekraft verursacht wurde. Das Krankenhaus muss sich das Verschulden aller Mitarbeiter zurechnen lassen.

2. Der einheitliche Krankenhausvertrag mit Arztzusatzvertrag
Hier gilt zunächst das unter Ziffer a) Gesagte. Zusätzlich vereinbart der Patient aber besondere ärztliche Leistungen mit einem bestimmten Arzt. Der Patient wählt in diesen Fällen die zusätzliche Wahlleistung „Chefarztbehandlung“ aus. Zur Chefarztbehandlung existiert eine eigenständige Rechtsprechung, die separat im Nachfolgenden vorgestellt wird. An dieser Stelle soll nur darauf hingewiesen werden, dass beim einheitlichen Krankenhausvertrag mit Arztzusatzvertrag das Krankenhaus die Unterbringung, die pflegerische Betreuung und die allgemein-ärztliche Betreuung des Patienten schuldet. Zusätzlich erkauft sich der Patient die Leistung des Chefarztes.

Die Haftung bei diesem Vertrag ist kompliziert. Grundsätzlich haftet auch hier das Krankenhaus sowohl für die ärztlichen als auch nichtärztlichen Leistungen. Der Chefarzt tritt dann für die von ihm nach dem Arztzusatzvertrag geschuldeten Leistungen als weiterer Haftungsschuldner hinzu. In der Praxis kommt es aber häufig vor, dass das Krankenhaus oder der Krankenhausträger die Haftung für die Leistungen des Chefarztes ausschließt, da dieser oftmals seine Chefarztleistung selbst liquidiert. Auf diesen Haftungsausschluss muss der Patient allerdings hingewiesen werden. Im Übrigen ist es aber heutzutage, bei neueren Chefarztverträgen, so gut wie gar nicht mehr anzutreffen, dass der Chefarzt ein eigenes Liquidationsrecht hat. An die Stelle dieses besonderen Liquidationsrechtes des Chefarztes sind vielmehr Bonusregelungen in seinem Anstellungsvertrag getreten.

3. Der gespaltenen Krankenhausvertrag
In diesen Fällen beschränkt sich die Leistung des Krankenhauses auf die pflegerischen Leistungen sowie die Unterbringung und Verpflegung des Patienten. Die ärztliche Leistung wird durch einen „Belegarzt“ erbracht. Dies ist ein Arzt, der in eigener Praxis niedergelassen ist, also nicht im Krankenhaus angestellt ist. Aufgrund eines speziellen Vertrages hat der Belegarzt in dem Krankenhaus eine Anzahl an Betten angemietet und sich gleichzeitig das Recht einräumen lassen, zu bestimmten Zeiten Einrichtungen, wie zum Beispiel den Operationssaal, des Krankenhauses zu nutzen. Der Belegarzt schließt mit dem Patienten einen eigenständigen Behandlungsvertrag über die durchzuführende Operation oder Behandlung im Krankenhaus ab. Kommt es in dieser vertraglichen Konstellation zu Behandlungsfehlern, so haftet allein der Belegarzt. Etwas anderes gilt nur dann, wenn der Behandlungsfehler aufgrund von Pflegeversäumnissen entstanden ist. In diesem Fall haftet das Krankenhaus.

HINWEIS FÜR DEN ARZT: HAFTPFLICHTVERSICHERUNG:
Als Belegarzt sollte unbedingt darauf geachtet werden, dass die Belegarzttätigkeit von dem Berufshaftpflichtvertrag abgedeckt ist. Ansonsten droht eine gefährliche Lücke im Versicherungsschutz.

II. Zusätzliche Leistungen im Krankenhaus: Die Wahlleistungen

Wie die IGeL-Leistungen in der Arztpraxis sind die Wahlleistungen im Krankenhaus zusätzliche, nicht zwingend gebotene medizinische Leistungen. Für das Krankenhaus stellen die Wahlleistungen aber eine zusätzliche Einnahmequelle dar. Für den Patienten bewirken sie in der Regel eine Verbesserung seines stationären Aufenthaltes beziehungsweise mehr Komfort.

WELCHE WAHLLEISTUNGEN GIBT ES?
Grundsätzlich unterscheidet man zwischen den Kategorien:

- Unterkunft,
- ärztliche Wahlleistungen,
- medizinische Wahlleistungen.

IST EIN EINZELZIMMER MEDIZINISCH ERFORDERLICH, MUSS DIE KRANKENKASSE DIE ZUSÄTZLICHEN KOSTEN ÜBERNEHMEN!
Wenn aus medizinischen Gründen ein besonderer Ruhebedarf erforderlich ist, darf das Krankenhaus das Einbettzimmer gegenüber dem Patienten nicht gesondert in Rechnung stellen. Für die Kosten kommt in diesen Fällen die Krankenkasse auf.

KEINE GESONDERTE VEREINBARUNG ERFORDERLICH, WENN NUR DER CHEFARZT DIE LEISTUNG ERBRINGEN KANN!
Wenn der Chefarzt der einzige Arzt im Krankenhaus ist, der eine bestimmte Behandlung (zum Beispiel eine Herzkatheter-Untersuchung) durchführen kann, die der Patient gerade medizinisch benötigt, gehört auch diese Behandlung durch den Chefarzt zu den standardmäßigen Krankenhausleistungen und muss nicht extra gezahlt werden.

Bei der Wahlleistung „Unterkunft" kann der Patient sich aussuchen, ob er in einem Einzel- oder Doppelzimmer untergebracht wird. Ohne den Abschluss eines entsprechenden Wahlleistungsvertrages wird der Patient bestenfalls in einem Zweibettzimmer untergebracht. Der Wahlleistungsvertrag wird außerhalb, also neben dem normalen Behandlungsvertrag mit dem Krankenhaus abgeschlossen. Neben dem Einzel- oder Zweibettzimmer kann durch den Wahlleistungsvertrag vorgesehen werden, dass beispielsweise Fernseher, Internetanschluss oder Telefon zur Verfügung stehen.

Bei den „ärztlichen Wahlleistungen" hat der Patient die Möglichkeit sich von einem besonderen Arzt behandeln zu lassen. Wird kein Wahlleistungsvertrag über eine „ärztliche Wahlleistung" geschlossen, so wird der Patient immer von dem Arzt behandelt, der gerade Dienst hat. Viele Patienten wollen jedoch die besondere Expertise eines besonders erfahrenen Arztes in Anspruch nehmen. Aus diesem Grunde wählen Patienten häufig die Behandlung durch den Chefarzt, da dieser als besonders qualifiziert angesehen wird. Der Chefarzt wird häufig auch als „Wahlarzt" bezeichnet.

Bei den medizinischen Wahlleistungen handelt es sich um Behandlungen, die medizinisch nicht zwingend indiziert sind. Es kann sich zum Beispiel um Schönheitsoperationen, um besondere Laborleistungen oder um besondere Implantate oder Prothesen handeln, die von der gesetzlichen Krankenkasse nicht bezahlt werden.

WODURCH KÖNNEN WAHLLEISTUNGEN ABGEDECKT WERDEN?
Die gesetzlichen Krankenkassen zahlen nur diejenigen Leistungen, die ausreichend, zweckmäßig und wirtschaftlich sind. Das Notwendige darf nicht überschritten werden. Wahlleistungen werden somit grundsätzlich von den gesetzlichen Krankenkassen nicht bezahlt, es sei denn, es besteht eine medizinische Notwendigkeit. Für GKV-Patienten besteht die Möglichkeit, für die vorbeschriebenen Wahlleistungen eine private Krankenhauszusatzversicherung abzuschließen, sofern sie die Wahlleistungen des Krankenhauses nicht selber bezahlen wollen. Die Kosten einer solchen Versicherung variieren je nach Krankenkasse und Umfang und liegen bei monatlichen Beiträgen zwischen 15,00 und 80,00 EUR.

Bei den PKV-Patienten hängt es vom abgeschlossenen Tarif ab, ob beziehungsweise welche der vorgenannten Wahlleistungen von der Versicherung erstattet werden.

1. Die Chefarztbehandlung: Wenn der Chef persönlich behandeln soll

Die Wahlleistung „Chefarztbehandlung" erfreut sich großer Beliebtheit: Aus Sicht des Patienten besteht häufig der Wunsch, die besonderen Fachkenntnisse und die Erfahrung des Chefarztes bei Operationen in Anspruch zu nehmen. Aus Sicht des Krankenhauses bietet die Chefarztbehandlung die Möglichkeit, zusätzliche Entgelte einzunehmen. Die Chefarztbehandlung sorgt in der Praxis immer wieder für Probleme. Die Rechtsprechung hat sich dementsprechend häufig mit der Behandlung durch den Chefarzt befasst.

FOLGEN DER UNWIRKSAMKEIT DER WAHLLEISTUNGSVEREINBARUNG:
Wenn die Wahlleistungsvereinbarung mit dem Chefarzt unwirksam ist, weil die nachfolgend dargestellten Voraussetzungen nicht gegeben sind, entfällt der in der Vereinbarung geregelte Vergütungsanspruch. Der Patient kann in diesen Fällen die Bezahlung der Leistung verweigern. Darüber hinaus können dem Patienten sogar weitergehende Schadenersatzansprüche zustehen.

WELCHE VORAUSSETZUNGEN BESTEHEN, DAMIT DER CHEFARZT DIE BEHANDLUNG ÜBERNIMMT?
Sowohl das Gesetz als auch die Rechtsprechung haben verschiedene Voraussetzungen aufgestellt, die für den wirksamen Abschluss eines Behandlungsvertrages mit dem Chefarzt, die sogenannte Wahlleistungsvereinbarung, vorliegen müssen.

Die Wahlleistung „Chefarztbehandlung" ist vor der Erbringung schriftlich zu vereinbaren. Der Patient ist vor Abschluss der Vereinbarung schriftlich über die Entgelte der Wahlleistungen und deren Inhalt im Einzelnen zu unterrichten; § 17 KHEntgG. In dem entsprechenden Wahlleistungsvertrag muss die Gebührenvereinbarung niedergelegt sein. Hierbei verlangt das Gesetz, das neben der Gebührennummer, der Bezeichnung der Leistung, der Steigerungssatz sowie der vereinbarte Betrag ausgewiesen werden müssen. Ferner muss in dem Vertrag ein Hinweis darauf erfolgen, dass eine Erstattung der Vergütung möglicherweise nicht in vollem Umfang gewährleistet ist, sogenannte wirtschaftliche Aufklärung; § 2 Abs. 2 GOÄ.

GRUNDSATZ DER PERSÖNLICHEN LEISTUNGSERBRINGUNG!
Der Chefarzt darf sein höheres Honorar nur abrechnen, wenn er die Leistung am Patienten selbst erbracht hat oder die Leistung unter seiner Aufsicht nach fachlicher Weisung erbracht wurde. Es gilt der Grundsatz der persönlichen Leistungserbringung; § 4 Abs. 2 GOÄ.

Ferner muss in der Wahlleistungsvereinbarung klargestellt sein, dass von der Vereinbarung keine Konstellationen erfasst werden, in denen bereits bei Abschluss der Vereinbarung feststeht, dass der Chefarzt am Operationstag gar nicht anwesend ist, weil er zum Beispiel zu dieser Zeit im Urlaub ist. Diese Voraussetzung hat der BGH in einer Entscheidung aufgestellt, die nach einer Reihe von Fällen ergangen war, in denen die Chefärzte versucht hatten, ihre Leistungspflicht regelhaft auf die nachgeordneten Oberärzte zu übertragen. In der Entscheidung des BGH vom 20.12.2007, III ZR 144/07, hat der BGH wie folgt argumentiert:

Urteil:
"Der Patient schließt die Wahlleistungsvereinbarung im Vertrauen auf die besonderen Erfahrungen und die herausgehobene medizinische Kompetenz des von ihm ausgewählten Arztes, die er sich in Sorge um seine Gesundheit gegen Entrichtung eines zusätzlichen Honorars für die Heilbehandlung sichern will. Die Vereinbarung darf daher keine Konstellationen erfassen, in denen die Verhinderung des Wahlarztes bereits zum Zeitpunkt des Abschlusses der Wahlleistungsvereinbarung feststeht. In diesen Fallgestaltungen kann die Wahlleistungsvereinbarung von Anbeginn ihren Sinn nicht erfüllen. Die von dem Patienten mit dem Abschluss einer solchen Vereinbarung bezweckte Sicherung der besonderen Erfahrung und der herausgehobenen Sachkunde für die Heilbehandlung ist bereits zum Zeitpunkt des Vertragsabschlusses unmöglich. Zulässig ist deshalb nur eine Klausel, in der der Eintritt eines Vertreters des Wahlarztes auf die Fälle beschränkt ist, in denen dessen Verhinderung im Zeitpunkt des Abschlusses der Wahlleistungsvereinbarung nicht bereits feststeht …".

Für die Situation, dass die Verhinderung des Chefarztes bei Abschluss der Vereinbarung noch nicht vorhersehbar war, darf für den Chefarzt nur ein ständiger Vertreter in der Vereinbarung benannt sein. Unzulässig ist es, wenn hier eine Vielzahl von Ärzten aufgeführt wird, die den Chefarzt vertreten können. Zulässig ist es hingegen, wenn in einer Wahlleistungsvereinbarung mehrere Chefärzte für verschiedene Leistungen aufgelistet werden und die Behandlung schließlich durch den Chefarzt durchgeführt wird, der für diese Leistung besonders qualifiziert ist. Hier steht die Person des Arztes im Vordergrund und der Patient kann sicher sein, sich mit der Wahlleistung eine besondere Behandlungsqualität eingekauft zu haben.

Lesen Sie die Wahlleistungsvereinbarung vor Ihrer Unterschrift sorgfältig durch!
Es kann nur dringend empfohlen werden, dass sich jeder Patient die Wahlleistungsvereinbarung zur Chefarztbehandlung, die ihm im Krankenhaus ausgehändigt wird, sorgfältig durchliest. Die Rechtsprechung stellt zugunsten des Patienten strenge Anforderungen an die Formwirksamkeit. Entsprechende Vereinbarungen sind von der Rechtsprechung bereits aus dem Grund für unwirksam erklärt worden, dass sie nicht auf die gesetzliche Regelung in § 17 Abs. 3 KHEntgG hingewiesen haben oder die entsprechende Regelung nur unvollständig zitiert haben (OLG Stuttgart, Urteil vom 17.1.2002, 2 U 147/01). In diesen Fällen kann vom Patienten die Bezahlung des Chefarzthonorars nicht verlangt werden.

In der Praxis tauchen aber immer wieder Situationen auf, in denen bereits bei Abschluss der Wahlleistungsvereinbarung bekannt ist, dass der Chefarzt zum Zeitpunkt der Leistungserbringung nicht im Krankenhaus ist. Die Krankenhäuser sind auch in dieser Situation bemüht, die Chefarztbehandlung „zu verkaufen", da das höhere Chefarzthonorar für die Krankenhäuser, die heutzutage üblicherweise dieses Honorar liquidieren, sehr erträglich ist. Will das Krankenhaus oder der Patient trotz Kenntnis von der späteren Verhinderung des Chefarztes, gleichwohl eine Wahlleistungsvereinbarung für eine Chefarztbehandlung abschließen, so bedarf es eines gesonderten Vertrages, für den die Rechtsprechung hohe Hürden setzt. Der gesonderte Vertrag wird in der Praxis als sogenannte „Individualvereinbarung" bezeichnet.

Da sich der Patient bei Aufnahme in das Krankenhaus in aller Regel in einer bedrängenden Situation und einer schweren Sorge um seine Gesundheit befindet, bedarf es nach ständiger Rechtsprechung besondere Anforderungen an die Wirksamkeit einer solchen Individualvereinbarung. In der eingangs genannten Entscheidung des BGH vom 20.12.2007 hat der Senat folgende Voraussetzungen für eine wirksame Individualvereinbarung genannt:

- Der Patient muss so früh wie möglich über eine vorhersehbare Verhinderung des Chefarztes unterrichtet werden;
- Hierbei muss dem Patienten das Angebot unterbreitet werden, dass anstelle des Chefarztes ein namentlich bestimmter Vertreter zu den vereinbarten Bedingungen die wahlärztlichen Leistungen erbringt;
- Der Patient ist über die alternative Option zu unterrichten, auf die Inanspruchnahme wahlärztlicher Leistungen zu verzichten und sich

ohne Zuzahlung von dem jeweils diensthabenden Arzt behandeln zu lassen;
- Ist die jeweilige Maßnahme bis zum Ende der Verhinderung des Chefarztes verschiebbar, so ist dem Patienten auch dies zur Wahl zu stellen.

Eine individuelle Vereinbarung ist erforderlich!
Die Individualvereinbarung muss, wie der Name es bereits nahelegt, individuell getroffen werden. Nach einer Entscheidung des Amtsgerichts Hamburg ist es bereits unzulässig, wenn das Krankenhaus einen vorformulierten Text verwendet, in dem einzelne Auslassungen, durch Punkte gekennzeichnet, enthalten sind, die dann im Einzelfall vervollständigt werden. Das Amtsgericht Hamburg ging in diesem Fall davon aus, dass es sich allein aufgrund des äußeren Erscheinungsbildes bei der Individualvereinbarung um eine formularvertragliche Vereinbarung handelte, die nach der zuvor genannten Rechtsprechung des BGH unwirksam sei. Das Amtsgericht Hamburg betonte, dass die Individualvereinbarung auch individuell mit dem Patienten ausgehandelt werden muss (Amtsgericht Hamburg, 31.7.2013, Aktenzeichen: 8 a C 342/12).

2. Die Kosten der Wahlleistung

WIE RECHNET DER CHEFARZT AB?

Bei der Wahlleistung „Chefarztbehandlung" berechnet der Chefarzt beziehungsweise das liquidationsberechtigte Krankenhaus das Honorar auf Basis der GOÄ (Gebührenordnung für Ärzte), die für die einzelnen Behandlungen bestimmte Gebührentatbestände vorsieht. Die GOÄ sieht bestimmte Steigerungssätze, bis zum 3,5-fachen Satz, vor, die jeweils nach Schwierigkeitsgrad oder Umfang der Behandlung gewählt werden dürfen. Normale Krankenhausleistungen, werden bei GKV-Patienten demgegenüber nach sogenannten DRGs (diagnosis related groups) abgerechnet. Die Vergütung nach diesem System erfolgt anhand definierter Fallgruppen, deren Behandlungsaufwand und die damit verbundenen Kosten vergleichbar sind. Um den Änderungen im Gesundheitswesen Rechnung zu tragen, WERDEN DIE FALLGRUPPEN JÄHRLICH AKTUALISIERT.

Wie werden Behandlungen durch DRGs abgebildet?
Die DRG G23C bezeichnete folgendes: Ein erwachsener Patient hatte eine Blinddarmentzündung (Appendizitis). Der Blinddarm (Wurmfortsatz) wurde operativ ohne Probleme entfernt. Alles verlief glimpflich. Der vorbenannten DRG steht ein bestimmter Geldbetrag gegenüber, den das Krankenhaus für die Operation, den Aufenthalt und die Pflege des Patienten von der Krankenkasse erhält. In der vorbenannten DRG ist ein bestimmter Verweildauerkorridor enthalten. Wird der Korridor über-

schritten oder unterschritten, werden Zuschläge oder Abschläge vorgenommen. Ansonsten deckt der für die vorgenannte DRG-Ziffer hinterlegte Geldbetrag die gesamte Behandlung des Patienten ab.

WIE WIRD DIE WAHLLEISTUNG „UNTERKUNFT" ABGERECHNET?

Die Bemessung der Entgelte für die Wahlleistung „Unterkunft" setzen sich nach einem zweistufigen Bewertungsmodell zusammen:

Zunächst wird ein Basispreis für die Inanspruchnahme des Ein- oder Zweibettzimmers berechnet. Dieser Preis wäre für die reine Unterkunft ohne weiteren Komfort zu veranschlagen und stellt somit den Vorteil der Allein- oder Zweibett-Nutzung eines Patientenzimmers dar. Die Höhe des Basispreises ist dabei je Krankenhaus unterschiedlich und beruht auf einer rechtlichen Berechnungsgrundlage.

Neben dem Basispreis kommen Komfortzuschläge zum Ansatz. Die Komfortzuschläge bestehen aus fünf Leistungsabschnitten mit insgesamt 30 definierten Komfortelementen, wobei jedem Leistungsabschnitt eine Preisspanne zugeordnet ist. Die Leistungsabschnitte sind:

- Sanitärzone, zum Beispiel separates WC, separate Dusche;
- sonstige Ausstattung, zum Beispiel Komfortbad, Kühlschrank, Internet;
- Größe und Lage, zum Beispiel Balkon/Terrasse, bevorzugte Lage im Haus;
- Verpflegung, Zusatzverpflegung;
- Service, zum Beispiel täglicher Hand- und Badetuchwechsel, Tageszeitung.

Die Berechnung dieser Komfortmerkmale darf nur dann erfolgen, sofern diese ein Zusatzangebot zur Regelleistung des jeweiligen Krankenhauses darstellen. Die Preisempfehlungen für die Komfortelemente werden jährlich der Preisentwicklung angepasst.

Aus der Summe von Basispreis und Komfortzuschläge ergibt sich der Zimmerpreis für die Wahlleistung „Unterkunft".

WIE WIRD DIE WAHLLEISTUNG „ÄRZTLICHE LEISTUNG" ABGERECHNET?

Diese Leistungen, die über die medizinisch ausreichende und zweckmäßige Versorgung und damit über den normalen Umfang der allgemeinen Krankenhausleistungen hinausgehen, berechnet der Arzt auf Basis der GOÄ. Hierauf muss in einem schriftlichen Vertrag hingewiesen werden. Der Patient sollte sich hier unbedingt danach erkundigen, welche Gebühren für den in Rede stehenden Eingriff anfallen.

WIRTSCHAFTLICHE AUFKLÄRUNG!
Der Patient ist vor der Erbringung ärztlicher Leistungen, die über den normalen Umfang der allgemeinen Krankenhausleistungen hinausgehen (ärztliche Wahlleistungen) transparent über die Höhe der von ihm persönlich zu tragenden Kosten aufzuklären. Ansonsten kann der Vergütungsanspruch entfallen.

III. Das Recht auf Auskunft im Krankenhaus

Es kommt vor, dass ein guter Bekannter verunglückt oder erkrankt, in das Krankenhaus eingeliefert wird und sich seine Freunde, Bekannten oder Verwandten in Sorge um seinen Gesundheitszustand an das Krankenhaus wenden, um dort Näheres zu erfahren. In der Regel wird ihnen allerdings die Auskunft verweigert.

Dies hängt mit der ärztlichen Schweigepflicht zusammen. Die ärztliche Schweigepflicht ist das älteste Datenschutzgesetz der Welt. Schon im Eid des Hippokrates war sie enthalten und stellt bis heute eine der wichtigsten, sanktionierbaren Berufspflichten der Ärzte dar.

Der Umfang der Schweigepflicht ist sehr weit. Sie betrifft nicht nur Diagnosen, sondern bereits die Tatsache des Arztbesuches als solche. Persönlich schließt sie jeden von den geschützten Informationen aus, der nicht in das Behandlungsgeschehen einbezogen ist, also auch den nicht behandelnden Arzt. Die Schweigepflicht besteht folglich auch gegenüber privaten Versicherungsgesellschaften oder Verrechnungsstellen, die mit der Einziehung des Honorars beauftragt sind. Sie besteht grundsätzlich auch gegenüber Familienangehörigen des Patienten.

Das Arztgeheimnis ermöglicht eine Weitergabe von Informationen nur mit Offenbarungsbefugnis. Diese Offenbarungsbefugnis kann entweder in einer persönlichen und individuellen Schweigepflichtentbindung des Patienten oder aber in einer gesetzlichen Offenbarungsbefugnis liegen.

Eine gesetzliche Offenbarungsbefugnis kann gegenüber den Eltern eines Minderjährigen in Betracht kommen. Die Rechtsprechung differenziert danach, ob der Minderjährige Einsichtsfähigkeit in seine Erkrankung hat oder nicht. Bei Patienten unterhalb von 15 Jahren nimmt die Rechtsprechung regelmäßig mangelnde Einsichtsfähigkeit an, so dass der Arzt in diesen Fällen gegenüber den Eltern zur Auskunft verpflichtet ist.

Des Weiteren verbietet die ärztliche Schweigepflicht nicht die Information über die Aidserkrankung des Lebenspartners und die bestehende Ansteckungsgefahr, wenn der kranke Partner erkennbar uneinsichtig ist und die Bekanntgabe verbietet. Ist der Lebenspartner ebenfalls Patient desselben Arztes, so muss der Arzt den Patienten entsprechend unterrichten.

Ansonsten behilft sich die Praxis häufig mit der „mutmaßlichen Einwilligung“. Sie kommt infrage, wenn es unter den konkreten Umständen unmöglich ist, dass der Patient über die Entbindung von der Schweigepflicht persönlich entscheidet. Voraussetzung ist ferner, dass die Durchbrechung der Schweigepflicht dem Interesse des Patienten nicht zuwiderläuft oder in seinem Interesse sogar geboten ist.

Beispiel für eine mutmaßliche Einwilligung:
Die mutmaßliche Einwilligung kommt zum Beispiel in Betracht, wenn der Patient nach einem Verkehrsunfall bewusstlos in ein Krankenhaus eingeliefert wird. In diesen Fällen kann von der mutmaßlichen Einwilligung des Patienten ausgegangen werden, seine nahen Angehörigen kurzfristig zu unterrichten. Die mutmaßliche Einwilligung kommt aber nur dann in Betracht, wenn der Patient nicht gefragt werden kann.

In allen sonstigen Fällen benötigt der Arzt oder das Krankenhaus zur Freigabe von Informationen grundsätzlich eine Schweigepflichtentbindungserklärung des Patienten. Um eine wirksame Schweigepflichtentbindungserklärung abzugeben, wird zwar nicht die volle Geschäftsfähigkeit des Patienten verlangt, wohl aber die individuelle Einsichts- und Urteilsfähigkeit. Der Patient muss also wissen, dass er den Arzt von der ärztlichen Schweigepflicht befreit.

Ansonsten gilt die Schweigepflicht auch über den Tod des Patienten hinaus.

Hinweis für den Arzt: Dokumentieren Sie Ihre Erwägungen zur Annahme einer mutmaßlichen Einwilligung!
In allen Fällen, in den eine mutmaßliche Einwilligung des Patienten angenommen werden soll, ist den Ärzten dringend zu empfehlen, die Hintergründe genau zu dokumentieren:

- Warum war der Patient nicht einwilligungsfähig?
- Weshalb konnte nicht gewartet werden, bis er die Einwilligungsfähigkeit wiedererlangt?
- Anhand welcher Umstände wurde angenommen, dass der Patient eingewilligt hätte, wenn er hierzu in der Lage gewesen wäre?

Auch bei der Aufklärung und Einwilligung von Minderjährigen sollte unbedingt dokumentiert werden, woran festgemacht wurde, dass der Minderjährige die erforderliche Einsichtsfähigkeit besitzt.

IV. Die Patientenverfügung im Krankenhaus

Viele Patienten haben eine Patientenverfügung errichtet, durch die sie sich in ihrer letzten Lebensphase erhoffen, so behandelt zu werden, wie sie es wünschen. Patientenverfügungen sind grundsätzlich empfehlenswert, gleichwohl gibt es aber immer wieder zahlreiche Probleme bei der Umsetzung des Patientenwillens.

Diese Probleme können schon bei der Einlieferung des Patienten in das Krankenhaus beginnen, also bevor die Ärzte überhaupt die Möglichkeit haben, die Patientenverfügung umzusetzen. Dieses Problem besteht insbesondere dann, wenn schwerkranke Patienten gegen ihren Willen in das Krankenhaus eingeliefert werden. Die meisten Menschen wollen zu Hause in vertrauter Umgebung und im Kreis ihrer engsten Familienangehörigen sterben. In einem medizinischen Notfall müssen jedoch oft die Angehörigen entscheiden, ob ein Patient in das Krankenhaus eingeliefert wird oder nicht. Die Angehörigen kennen häufig den Wunsch des Erkrankten nicht, sei es, dass sie seine Patientenverfügung nicht kennen oder aber als medizinische Laien die Lage nicht richtig einschätzen können. Ferner stehen die Angehörigen häufig unter enormen Druck, da sie sich nicht dem Vorwurf einer unterlassenen Hilfeleistung aussetzen wollen. Werden in dieser Situation Ärzte hinzugezogen, so werden sie – auch um späteren Vorwürfen den Boden zu entziehen – stets darauf drängen, den Patienten in eine Klinik einweisen zu lassen.

Unabhängig von dieser Situation, ist es aber auch im Krankenhaus mitunter schwierig, den Patienten entsprechend seinen Wünschen zu behandeln. Auch dies hat verschiedene Gründe:

Einerseits kann die Patientenverfügung unter Umständen nicht schnell genug aufgefunden werden. Häufig ist die Verfügung bereits vor längerer Zeit errichtet worden und befindet sich in den Unterlagen des Patienten, die nicht schnell genug durchsucht werden können. Der Patient ist häufig nicht in der Lage, den genauen Fundort der Patientenverfügung mitzuteilen.

Ein anderes Problem besteht darin, dass die Verfügung zu allgemein formuliert ist, sodass die Ärzte im Krankenhaus nicht wissen, was der Patient genau will.

WAS KANN ICH TUN, DAMIT ÄRZTE IM ERNSTFALL NACH MEINEM WILLEN HANDELN?
Es gibt drei entscheidende Wirksamkeitskriterien:

- Die Patientenverfügung muss konkrete Angaben darüber enthalten, welche Behandlungen der Patient in welchen Situationen wünscht und welche nicht. Dabei muss die Situation und auch die Behandlung so präzise wie möglich beschrieben werden.
- Die Patientenverfügung muss so hinterlegt sein, dass Anwesende im Notfall sofort auf die Verfügung zugreifen können. Hierzu gehört, dass Angehörige bereits im Vorfeld über die Errichtung und den Aufbewahrungsort der Patientenverfügung unterrichtet sind.
- Die Patientenverfügung muss regelmäßig aktualisiert werden, damit Ärzte auch sicher sein können, dass der Patientenwille auch tatsächlich noch gilt.

Bei Fragen, ob eine Patientenverfügung im Ernstfall noch sicher schützen kann, sollte eine anwaltliche Überprüfung in Erwägung gezogen werden. Ohnehin bietet es sich an, eine Patientenverfügung in regelmäßigen Abständen, etwa alle drei Jahre, überprüfen zu lassen. Dies hängt auch damit zusammen, dass es eine sehr intensive Rechtsprechung zur Wirksamkeit von Patientenverfügungen gibt.

VERFÜGEN SIE SO KONKRET WIE MÖGLICH, WELCHE MASSNAHMEN SIE IN WELCHEN SITUATIONEN WÜNSCHEN!
Es gibt wissenschaftliche Studien, die zu dem Ergebnis geführt haben, dass nur ca. 3 % aller Patientenverfügungen derzeit im Krankenhaus umgesetzt werden. Dies liegt nach den Studien daran, dass die Angaben in den Patientenverfügungen zu allgemein gehalten sind, sodass Ärzte im Notfall nicht wissen, was der Patient genau gewollt hat.

So gehen Sie vor, wenn die Patientenverfügung unpräzise oder lückenhaft ist:
Bestehen Zweifel an dem Inhalt der Patientenverfügung oder ist diese unterschiedlich auslegbar, sollten ärztliche Kollegen hinzugezogen und die Verfügung gemeinsam ausgelegt werden. Es empfiehlt sich, die Gründe für die erfolgte Auslegung zu dokumentieren, damit in einem späteren Streitfall nachvollzogen werden kann, weshalb und auf welcher Grundlage die Behandlungsentscheidungen getroffen wurden.

V. Das Entlassmanagement im Krankenhaus

Das Entlassmanagement, mitunter auch Pflegeüberleitung oder Überleitungsmanagement genannt, ist ein auf den einzelnen Patienten abgestimmtes Versorgungsmanagement mit dem Ziel, eine lückenlose weitere Versorgung nach Entlassung oder Verlegung aus einer Gesundheitseinrichtung, in der Regel einem Krankenhaus, sicherzustellen. Der Übergang von der stationären Krankenhausversorgung in eine weitergehende medizinische, rehabilitative oder pflegerische Versorgung stellt eine besonders kritische Phase in der Behandlung des Patienten dar. Insbesondere muss gewährleistet sein, dass die Anschlussbehandlung koordiniert abläuft. Aus diesem Grunde sind Krankenhäuser nach § 39 Abs. 1a SGB V verpflichtet, ein effektives Entlassmanagement zur Unterstützung des Übergangs in die Anschlussversorgung zu gewährleisten.

WAS WIRD IM ENTLASSMANAGEMENT GEREGELT?
Seit 1.10.2017 existiert der Rahmenvertrag „Entlassmanagement", der für die Krankenhäuser verbindlich ist. Danach haben Krankenhäuser zur Gewährleistung eines nahtlosen Übergangs des Patienten in die nachfolgenden Versorgungsbereiche den patientenindividuellen Bedarf für die Anschlussversorgung möglichst frühzeitig zu erfassen und einen Entlassplan aufzustellen. Bei der Aufstellung des Entlassplans hat die Prüfung der Erforderlichkeit von Anschlussmedikation, fortdauernder Arbeitsunfähigkeit und anderen verordnungs- beziehungsweise veranlassungsfähigen Leistungen zu erfolgen. Sobald Bedarf für eine Unterstützung durch die Kranken- beziehungsweise Pflegekasse festgestellt wird, nimmt das Krankenhaus rechtzeitig Kontakt auf, insbesondere bei einem Versorgungsbedarf in den Bereichen Pflege (zum Beispiel Antrag auf Feststellung der Pflegebedürftigkeit sowie zur Einbeziehung der Pflegeberatung nach § 7a SGB XI), häusliche Krankenpflege und Haushaltshilfe, Rehabilitation, Hilfsmittelversorgung, häusliche Versorgung sowie bei genehmigungspflichtigen Leistungen und im Rahmen der Übergangsversorgung (Kurzzeitpflege).

WER IST VOM KRANKENHAUS ZU KONTAKTIEREN?
In diesem Zusammenhang sind zum Beispiel Vertragsärzte, Reha-Einrichtungen, ambulante Pflegedienste oder stationäre Pflegeeinrichtungen zu kontaktieren. Ferner ist für deren zeitgerechten Einsatz zu sorgen.

Das Krankenhaus hat sodann gemeinsam mit der Kranken- und Pflegekasse rechtzeitig vor der Entlassung die für die Umsetzung des Entlassplans erforderliche Versorgung zu organisieren.

Der Unterschied steckt im Detail!
Das Entlassmanagement ist von Krankenhaus zu Krankenhaus unterschiedlich. Grundsätzlich informieren die Krankenhäuser auf ihren Internetseiten über das Entlassmanagement. Die im Rahmen des Entlassmanagements erforderliche Datenübermittlung an weiterversorgende Leistungserbringer bedarf der schriftlichen Einwilligung des Patienten. Auch das Recht des Patienten auf freie Arztwahl sowie seine Wahlrechte bei den Leistungen der Pflegeversicherung oder den Leistungen zur Teilhabe müssen im Rahmen des Entlassmanagements gewahrt bleiben.

Krankenhäuser können Aufgaben des Entlassmanagements an niedergelassene Ärzte beziehungsweise Einrichtungen oder ermächtigte Ärzte übertragen. Diese Möglichkeit hat der Gesetzgeber vorgesehen. Sollte diese Form des Entlassmanagements für die erforderliche Anschlussversorgung in Frage kommen, sind die Patienten entsprechend zu informieren und müssen hierin einwilligen.

WELCHE PFLICHTEN HAT DAS KRANKENHAUS GEGENÜBER DEM PATIENTEN BEIM ENTLASSMANAGEMENT?

Das Entlassmanagement umfasst folgende Pflichten des Krankenhauses:

- Nachbehandlungen: Ist eine ambulante Weiterbehandlung nach dem Aufenthalt im Krankenhaus notwendig, führt das Krankenhaus rechtzeitig vor der Entlassung Gespräche mit dem weiterbehandelnden Arzt. Soweit erforderlich, muss das Krankenhaus auch zeitnah einen Termin bei dem weiterbehandelnden Arzt für den Patienten abstimmen.
- Rehabilitationsmaßnahmen: Ist eine Anschlussrehabilitation erforderlich, wird das Krankenhaus diese beim zuständigen Kostenträger für den Patienten beantragen.
- Verordnung von Hilfsmitteln/Pflegehilfsmitteln: Das Krankenhaus kann Hilfsmittel, wie zum Beispiel Gehhilfen oder Inkontinenzhilfen und Pflegehilfsmittel, wie zum Beispiel Bettpfannen, Lagerungsrollen etc für einen Zeitraum von sieben Tagen nach der Entlassung verordnen. Das Krankenhaus muss die weiterbehandelnden Ärzte rechtzeitig über die getätigten Verordnungen informieren. Die Verordnung verliert sieben Tage nach der Entlassung des Patienten ihre Gültigkeit, wenn die Hilfsmittelversorgung innerhalb dieses Zeitraums nicht in Anspruch genommen worden ist. Bestimmte Hilfsmittel müssen von der Krankenkasse oder Pflegekasse genehmigt werden. Das Krankenhaus nimmt zu diesem Zweck Kontakt mit der Krankenkasse des Patienten auf. Die Krankenkassen müssen den Antrag sodann schnellstmöglich bearbeiten.
- Verordnung von Heilmitteln: Das Krankenhaus kann für einen Zeitraum von bis zu sieben Tagen auch sogenannte Heilmittel, wie zum Beispiel Krankengymnastik oder Logopädie verordnen. Die Heilmittelbehandlung muss innerhalb von sieben Tagen nach der Entlassung aufgenommen werden und innerhalb von zwölf Tagen nach der Entlassung abgeschlossen sein. Behandlungseinheiten, die nicht innerhalb von zwölf Tagen in Anspruch genommen werden, verfallen. Wird die Heilbehandlung nicht innerhalb von sieben Tagen nach der Entlassung begonnen, verliert die Verordnung ihre Gültig-

keit. Das Krankenhaus muss auch hier die weiterbehandelnden Ärzte rechtzeitig über die getätigten Verordnungen informieren.

- Verordnung von Arzneimitteln: Das Krankenhaus erstellt einen Medikationsplan in Papierform und verordnet die notwendigen Medikamente. Dabei darf das Krankenhaus die jeweils kleinste verfügbare Packung des Medikaments verordnen. Die Apotheke darf der Patient selbst wählen. Hierzu gibt es allerdings eine Ausnahme: Für Wochenenden oder Feiertage kann das Krankenhaus dem Patienten das Medikament mitgeben, wenn nach Ablauf des Wochenendes/Feiertages die Behandlung abgeschlossen ist. In diesem Fall muss keine Verordnung ausgestellt werden.
- Bescheinigung der Arbeitsunfähigkeit: Das Krankenhaus kann die Arbeitsunfähigkeit für einen Zeitraum von bis zu sieben Tagen feststellen und die entsprechende Bescheinigung ausstellen.
- Ambulanter Pflegedienst: Das Krankenhaus muss die Pflegekasse rechtzeitig über den Bedarf eines ambulanten Pflegedienstes informieren. Die Pflegekasse muss sich dann darum kümmern, dass der ambulante Pflegedienst zeitgerecht zur Verfügung steht.
- Kurzzeitpflege: Für Patienten, die nach der Entlassung auf Pflege angewiesen sind, aber nicht sofort zu Hause betreut werden können, besteht die Möglichkeit, eine Kurzzeitpflege für maximal 8 Wochen in einer stationären Einrichtung zu beantragen. Für Patienten, die mindestens Pflegesatz 2 haben, muss die Kurzzeitpflege bei ihrer Pflegekasse beantragt werden. Für Patienten, die keinen oder maximal Pflegegrad 1 haben, muss diese Leistung bei der Krankenkasse beantragt werden. Das Krankenhaus nimmt hierfür Kontakt mit der Kranken- oder Pflegekasse auf und organisiert mit dem Patienten gemeinsam die erforderliche Versorgung in der Einrichtung.
- Haushaltshilfe: Wenn dem Patienten die Weiterführung des Haushaltes nicht möglich ist, kann er bei der Krankenkasse die Kosten für eine Haushaltshilfe beantragen. Auch hier muss das Krankenhaus den Kontakt mit der Krankenkasse aufnehmen und den Patienten bei der Beantragung unterstützen. Ferner muss sich die Krankenkasse um die schnellstmögliche Bearbeitung des Antrags kümmern.
- Antrag auf Pflegegrad: Auf bestimmte Leistungen der Pflegekasse, zum Beispiel Pflege in einer vollstationären Einrichtung, hat der Patient Anspruch, wenn bei ihm ein Pflegegrad festgestellt worden ist. Sofern der Patient solche Leistungen in Anspruch nehmen möchte, muss das Krankenhaus rechtzeitig Kontakt zur Pflegekasse aufnehmen und die Antragsunterlagen auf Feststellung der Pflegebedürftigkeit übermitteln. Die Pflegebedürftigkeit beziehungsweise der Pflegegrad wird dann durch einen von der Pflegekasse beauftragten Gutachter innerhalb von einer Woche nach Eingang des

Antrags bei der Pflegekasse festgestellt. Die Pflegekasse muss die Entscheidung unverzüglich nach Eingang der gutachterlichen Empfehlung dem Patienten mitteilen.

- Häusliche Krankenpflege: Das Krankenhaus kann für eine Dauer von maximal 7 Tagen häusliche Krankenpflege verordnen. Da häusliche Krankenpflege durch die Krankenkasse genehmigt werden muss, nimmt das Krankenhaus noch vor der Einbindung eines entsprechenden Leistungserbringers Kontakt zur Krankenkasse des Patienten auf. Diese muss das Genehmigungsverfahren umgehend einleiten. Das Krankenhaus ist verpflichtet, den weiterbehandelnden Vertragsarzt rechtzeitig über die getätigte Verordnung zu informieren.
- Palliativversorgung: Für Patienten, die eine nicht heilbare, fortschreitende oder weit fortgeschrittene Erkrankung und eine begrenzte Lebenserwartung haben, sodass sie eine besonders aufwendige Versorgung benötigen, verordnet das Krankenhaus unter Umständen eine Palliativversorgung. Auch hier werden die Leistungen gemeinsam mit der Kranken- und Pflegekasse organisiert.

WELCHE RECHTE HAT DER PATIENT BEIM ENTLASSMANAGEMENT?

Der Patient hat Anspruch darauf, dass das Krankenhaus die Kommunikation mit geeigneten Pflegeeinrichtungen, Rehakliniken oder weiteren Einrichtungen übernimmt.

Das Recht auf freie Arztwahl ist zu wahren!

Es besteht das Recht auf freie Arztwahl. Das Krankenhaus muss den Patienten auf dieses Recht hinweisen und darf auch keine Empfehlungen aussprechen. Dies gilt auch für Sanitätshäuser, Pflegedienste oder Physiotherapeuten. Falls der Patient das Krankenhaus um eine Empfehlung bittet, muss es mehrere Leistungserbringer benennen. Hierzu werden häufig vorbereitete Listen an die Patienten ausgehändigt, aus denen diese dann den jeweiligen Leistungserbringer auswählen können. Ist in Bezug auf Hilfsmittel unklar, ob die Krankenkasse des Patienten einen Versorgungsvertrag mit bestimmten Leistungserbringern abgeschlossen hat, kann das Krankenhaus den Patienten an seine Krankenkasse verweisen. Bei einer Anschlussversorgung gilt aber: Wenn das Krankenhaus ohnehin vorab Kontakt zur Krankenkasse des Patienten aufgenommen hat, kann es dieser die Wahl des Patienten mitteilen.

WELCHE RECHTE HAT DER PRIVATPATIENT BEIM ENTLASSMANAGEMENT?

Für Privatpatienten gibt es keinen gesetzlichen Anspruch auf ein Entlassmanagement.

Allerdings: Das Krankenhaus muss auch dem privatversicherten Patienten in verständlicher Weise sämtliche Umstände darlegen, die für seine Behandlung wesentlich sind, insbesondere die Diagnose, die voraussichtliche gesundheitliche Entwicklung, die Therapie und die zu ergreifenden Maßnahmen.

WER ÜBERNIMMT DIE KOSTEN FÜR DAS ENTLASSMANAGEMENT?

Das Entlassmanagement ist Teil der Krankenhausbehandlung, sodass die Krankenkasse die Kosten für GKV-Patienten übernimmt. Voraussetzung ist allerdings, dass der Aufenthalt im Krankenhaus medizinisch notwendig und erforderlich war.

WARUM MUSS ICH IN DAS ENTLASSMANAGEMENT ALS PATIENT EINWILLIGEN?

Die Einwilligung in das Entlassmanagement ist wichtig, da über hochsensible Patientendaten verfügt wird. Mit den Nachbehandlern erfolgt ein Austausch darüber, welche Leistungen der Patient bereits erhalten hat, welche Leistungen er benötigt oder welche Medikamente er einnehmen muss. Aus diesem Grunde informieren die Krankenhäuser in aller Regel bereits bei Aufnahme des Patienten über Inhalt und Ziele des Entlassmanagements. Bevor das Entlassmanagement durchgeführt wird, muss zwingend die schriftliche Einwilligung des Patienten eingeholt werden. Bei minderjährigen Patienten müssen die Eltern unterschreiben, im Falle einer Betreuung, der Betreuer. Kommt es zum Widerruf der Einwilligung oder wird sie durch den Patienten verweigert, trägt dieser das Risiko, dass die nahtlose Weiterversorgung nicht gewährleistet ist.

HINWEIS FÜR DEN ARZT: DOKUMENTATION IST WICHTIG!
Verweigert ein Patient, dessen Erziehungsberechtigte oder Betreuer die Einwilligung in das Entlassmanagement, sollte über die drohenden Risiken und Nachteile aufgeklärt werden und die Aufklärung auch dokumentiert werden.

WIE LÄUFT DAS ENTLASSMANAGEMENT AB?

Zunächst wird geprüft, ob der Patient überhaupt eine Anschlussversorgung benötigt. Falls keine Anschlussversorgung erforderlich ist, wird dies entsprechend in der Patientenakte dokumentiert. Eine Einwilligung des Patienten ist in diesen Fällen nicht erforderlich.

Ist eine Anschlussversorgung erforderlich, wird zwischen vier Schritten unterschieden:

- Assessment: Dies ist ein vom Krankenhaus entwickeltes standardisiertes Verfahren, durch das der individuelle Bedarf an Anschlussversorgung ermittelt wird. Das Verfahren soll möglichst frühzeitig beginnen. Vor Beginn dieses Verfahrens muss der Patient seine Einwilligung erteilen. Zu diesem Zwecke informiert das Krankenhaus den Patienten schriftlich über Inhalt und Ziele des Verfahrens. Der Patient muss ein ihm übermitteltes Einwilligungsformular unterzeichnen. Hierin erteilt er auch seine Zustimmung zur Datenübermittlung. Das Formular muss auch eine Information über den Widerruf der Einwilligung enthalten.

- Entlassplan: Im Rahmen des Entlassplans wird geprüft, ob der Patient arbeitsfähig bei seiner Entlassung ist und ob und gegebenenfalls welche ärztlichen Verordnungen noch erforderlich sind. Des Weiteren prüft das Krankenhaus, ob eine Kurzzeitpflege oder eine Haushaltshilfe erforderlich sind. Der Entlassplan enthält alle medizinisch erforderlichen Anschlussleistungen, die nach der stationären Behandlung im Krankenhaus erforderlich sind. Der Entlassplan wird sodann in die Patientenakte aufgenommen, damit er von dem beteiligten Mitarbeiter eingesehen werden kann.
- Einbindung der Nachbehandler, Kranken- und Pflegekassen: Bei jeder Anschlussbehandlung muss das Krankenhaus frühzeitig die Nachbehandler kontaktieren. Die Überleitung muss angebahnt werden, damit ein nahtloser Übergang sichergestellt ist. In dieser Phase erfolgt auch eine umfassende Information der Kranken- beziehungsweise Pflegekassen. Diese werden in aller Regel über folgendes informiert:
  - Einwilligung des Patienten in das Entlassmanagement,
  - wesentlicher Inhalt des Entlassplans,
  - eventuelle Änderungen oder Anpassungen im Entlassplan,
  - eventueller Widerruf der Einwilligung des Patienten.
- Entlassbrief: Den Entlassbrief erhält der Patient vom Krankenhaus am Tage seiner Entlassung. Im Entlassbrief sind alle getroffenen Maßnahmen und Verordnungen enthalten. Es kann passieren, dass der endgültige Entlassbrief am Tage der Entlassung noch nicht vorliegt. In diesem Fall muss das Krankenhaus aber einen vorläufigen Entlassbrief ausstellen, der als Mindestangabe die getroffenen Maßnahmen, Verordnungen und Beurteilungen zu enthalten hat. Der endgültige Entlassbrief muss dann kurzfristig nachgereicht werden.

EIN ANSPRECHPARTNER MUSS BENANNT WERDEN!
Der Entlassbrief muss die Telefonnummer des zuständigen Ansprechpartners im Krankenhaus enthalten. Dies ist von besonderer Bedeutung für eventuelle Rückfragen der weiterbehandelnden Leistungserbringer. Der Ansprechpartner im Krankenhaus muss montags bis freitags von 9:00 bis 19:00 Uhr sowie samstags und sonntags von 10:00 bis 14:00 Uhr unter der angegebenen Nummer erreichbar sein.

WAS KANN DER PATIENT TUN, WENN KEIN ENTLASSMANAGEMENT DURCHGEFÜHRT WIRD?

Der Patient hat einen Anspruch darauf, dass das Krankenhaus die Weiterversorgung sicherstellt. Sollte bereits während des Krankenhausaufenthaltes bemerkt werden, dass der behandelnde Arzt sich für die nachstationäre Versorgung nicht zuständig fühlt, sollte sich der Patient an den Sozialdienst des Krankenhauses wenden. Ansonsten ist auch die Krankenkasse ein geeigneter Ansprechpartner.

GIBT ES AUCH NACH EINER REHABILITATIONSBEHANDLUNG EIN ENTLASSMANAGEMENT?

Ebenso wie in Krankenhäusern gibt es auch in Reha-Einrichtungen ein Entlassmanagement. Der entsprechende Rahmenvertrag ist im Jahr 2019 in Kraft getreten und in Anlehnung an das Entlassmanagement im Krankenhaus ausgestaltet. Demnach muss auch die Rehaklinik den Bedarf an weiterer medizinischer und pflegerischer Anschlussversorgung überprüfen. Auch die Reha-Einrichtung muss also die notwendigen Folgemaßnahmen abstimmen, Termine mit Ärzten vereinbaren, Heil- und Hilfsmittel, Medikamente oder häusliche Krankenpflege etc verordnen. Die Reha-Einrichtung kann ebenfalls Arbeitsunfähigkeit für 7 Tage nach der Entlassung feststellen. Der Patient hat auch hier Anspruch auf einen Entlassungsbericht am Tage der Entlassung.

Checkliste für den Patienten beim Entlassmanagement:

- ☐ Ist die Zustimmung zum Entlassmanagement erteilt worden?
- ☐ Hat das Krankenhaus alle Verordnungen ausgestellt, die für die nächsten 7 Tage notwendig sind:
  - Hilfsmittel, zum Beispiel Bandagen, Gehhilfen oder Rollstuhl;
  - Heilmittel, zum Beispiel Physiotherapie, Logopädie;
  - häusliche Krankenpflege;
  - Medikamente.
- ☐ Ist die Arbeitsunfähigkeit bescheinigt worden (bis maximal 7 Tage)?
- ☐ Hat das Krankenhaus sich darangehalten, keine Empfehlungen auszusprechen?
- ☐ Ist ein Entlassgespräch geführt worden?
- ☐ Ist der Entlassbrief ausgehändigt worden?
- ☐ Sind alle Angaben im Entlassbrief enthalten:
  - Patientendaten, Aufnahme- und Entlassungsdatum,
  - Name des behandelnden Krankenhausarztes mit Telefonnummer,
  - Kennzeichnung als vorläufiger oder endgültiger Entlassbrief,
  - Grund des Krankenhausaufenthaltes,
  - Diagnosen,
  - Entlassungsbefund,
  - Diagnostik und Therapie,
  - Medikation, also Auflistung aller Arzneimittel einschließlich Dosierung, Hinweis auf Arzneimittelunverträglichkeiten,
  - Information über mitgegebene Arzneimittel,
  - nachfolgende Versorgung,
  - mitgegebene Befunde, Arztbriefe, Röntgenbilder.

Zusammenfassung:

- Achten Sie darauf, dass Sie den Inhalt der Wahlleistungsvereinbarung verstanden haben und Sie sich bewusst sind, welche Kosten von Ihnen persönlich zu tragen sind.
- Achten Sie darauf, dass Ihre Patientenverfügung Ihren Willen möglichst eindeutig wiedergibt und möglichst wenig Interpretationsspielraum lässt. Lassen Sie sich insoweit von Fachleuten beraten!
- Stellen Sie zudem sicher, dass Ihre Angehörigen wissen, wo Sie die Patientenverfügung aufbewahren. Nur auf diese Weise ist sichergestellt, dass die Patientenverfügung im Fall der Fälle auch berücksichtigt wird.
- Erkundigen Sie sich vor Ihrer Entlassung aus dem Krankenhaus, welche Maßnahmen im Rahmen des Entlassmanagements vorgesehen sind.

Besonderheiten bei GKV-Patienten

Das dritte Kapitel hat die Besonderheiten der Behandlung und Krankenversicherung von gesetzlich Versicherten zum Gegenstand. Hier wird Ihnen ein Überblick über die besonderen Versorgungsformen verschafft, die große Möglichkeiten und besonderen Komfort für die Versicherten bieten. Ferner stellen wir die besonderen Wahltarife vor, die GKV-Patienten mit ihrer Krankenkasse abschließen können, um eine noch effizientere und qualitativ hochwertigere Behandlung zu erlangen. Darüber hinaus gehen wir auf Bonusprogramme der Krankenkassen ein, zeigen auf, was Sie bei einem Wechsel Ihrer Krankenkasse beachten sollten und erläutern, wie sich die Zuzahlungen zu Medikamenten, Hilfs- und Heilmitteln zusammensetzen. Des Weiteren erklären wir, wann Ihre Krankenkasse die Kosten für Fahrten zu ärztlichen Einrichtungen übernimmt und wann Ansprüche auf Pflegeleistungen bestehen. Abschließend zeigen wir auf, unter welchen Voraussetzungen ein Anspruch auf Krankengeld besteht und wann die Kosten einer Behandlung gesetzlich Versicherter im Ausland von der Krankenkasse bezahlt wird.

V. Zuzahlungen bei Arzneimitteln

VI. Hilfsmittel, Heilmittel und Zuzahlungen

VII. Kosten für Fahrten zum Arzt oder Krankenhaus

VIII. Pflege zu Hause

IX. Der Anspruch auf Krankengeld

X. Die medizinische Behandlung im Ausland

3. Besonderheiten bei GKV-Patienten

I. Besondere Versorgungsformen

Die normale Krankenversorgung des GKV-Patienten, also des Kassenpatienten, wird als Regelversorgung bezeichnet. Die Regelversorgung wird über den sogenannten Kollektivvertrag abgedeckt. Vertragspartner des Kollektivvertrages sind die Kassenärztlichen Vereinigungen (KVen) beziehungsweise Kassenzahnärztlichen Vereinigungen (KZVen) einerseits sowie die gesetzlichen Krankenkassen auf der anderen Seite. Der Kollektivvertrag regelt die ambulante medizinische Versorgung. Die Krankenkassen haben dabei automatisch alle zugelassenen Kassenärzte und Kassenzahnärzte unter Vertrag, diese können von den GKV-Patienten in allen Bundesländern frei gewählt werden. Im Gegenzug sind die KVen für die Sicherstellung der ambulanten medizinischen Versorgung verantwortlich.

Beispiel für Kollektivverträge:
Ein Beispiel für Kollektivverträge sind die auf Bundesebene abzuschließenden Bundesmantelverträge, in denen Einzelheiten der Organisation der medizinischen Versorgung festgelegt sind. Auch die Gesamtverträge auf Landesebene zählen hierzu. Durch diese Verträge legen die Krankenkassen und die KVen beziehungsweise KZVen die Höhe der Gesamtvergütungen für die vertrags(zahn)ärztlichen Leistungen fest.

Neben der Regelversorgung gibt es besondere Versorgungsformen. Diese Versorgungsformen stehen außerhalb des Kollektivvertrages und werden durch sogenannte Selektivverträge, auch Einzel- oder Direktverträge genannt, geregelt. Die Selektivverträge werden direkt zwischen den Krankenkassen und den Leistungserbringern geschlossen. Leistungserbringer sind grundsätzlich Ärzte und Psychotherapeuten. Diese können bei Abschluss eines Selektivvertrages durch die KVen oder zum Beispiel auch durch Ärzteverbände vertreten werden.

Beispiel für Selektivverträge:
Eine Vorreiterrolle spielte zum Beispiel die AOK Baden-Württemberg. Im Oktober 2009 schloss sie mit mehreren Ärzteverbänden den bundesweit ersten Facharztvertrag für die kardiologische Versorgung ab. Die Krankenkasse versprach sich von der engen Kooperation zwischen Hausärzten und kardiologischen Spezialisten eine bessere Betreuung der herzkranken Patienten. Die teilnehmenden Patienten profitierten von erweiterten Sprechstundenzeiten, einer schnelleren Terminvergabe und kurzen Wartezeiten in der Praxis. Ein weiteres Beispiel ist ein Vertrag

zwischen der TKK und der KV Hessen. Hier wurde ein Vertrag abgeschlossen, der den Versicherten ein Hautkrebsscreening ab dem 20. Lebensjahr ermöglicht.

Zu den besonderen Versorgungsformen zählen Hausarztverträge, Facharztverträge oder Verträge zur integrierten Versorgung sowie Modellvorhaben. Der Gesetzgeber hat die vorbenannten besonderen Versorgungsformen in den vergangenen Jahren eingeführt, um besondere gesundheitliche Herausforderungen, wie zum Beispiel chronische Krankheiten, besser versorgen zu können. Vereinbart werden zum Beispiel besondere Qualifikationsanforderungen an die Ärzte, eine preiswerte Arzneitherapie, eine Samstagssprechstunde, oder wie in der integrierten Versorgung ein rundum Versorgungsplan inklusive Rehabilitation bei einem planbaren Eingriff (zum Beispiel bei einer Hüftoperation). Das Honorar für diese Leistungen wird extra zwischen den Vertragsparteien ausgehandelt und außerhalb der Gesamtvergütung des Kollektivvertrages gezahlt.

II. Die Wahltarife

Mit dem Begriff der besonderen Versorgungsformen korrespondieren auf Seiten der GKV-Patienten die Wahltarife. Wahltarife sind Angebote der Krankenkasse, die nicht automatisch allen GKV-Patienten zur Verfügung stehen. Es muss eine aktive Wahlentscheidung getroffen werden. Teilweise sind die Tarife mit einer zusätzlichen Bindung an die Krankenkasse verbunden. Eingeführt wurden die Wahltarife mit der Gesundheitsreform 2007. Man unterscheidet zwischen den Wahltarifen für „besondere Versorgungsformen“ und den optionalen Wahltarifen zur Ausgestaltung des Versicherungsverhältnisses.

1. Wahltarife für „besondere Versorgungsformen“

Die Krankenkassen sind seit 1.4.2007 verpflichtet, die nachfolgend benannten Wahltarife anzubieten. Eine Mindestbindungsfrist an die Tarife ist gesetzlich nicht vorgesehen:

- Hausarzttarif: Der GKV-Patient verpflichtet sich, bei allen Erkrankungen zuerst den an dem entsprechenden Selektivvertrag teilnehmenden Hausarzt zu konsultieren. Die an dem Selektivvertrag teilnehmenden Hausärzte werden dem Patienten von der Krankenkasse benannt. Falls notwendig, überweist der Hausarzt den Patienten an Fachärzte oder an ein Krankenhaus.

- Disease-Management-Programme/DMP): Spezielle Programme, die sowohl Behandlungen als auch Vorsorgeprogramme für chronisch Kranke umfassen.
- Integrierte Versorgung: In diesem Fall arbeiten Haus- und Fachärzte eng mit Krankenhäusern oder Reha-Einrichtungen zusammen und teilen sich ein gemeinsames Finanz-Budget. Integrierte Versorgung soll Doppeluntersuchungen vermeiden und die Behandlungsmethoden optimal aufeinander abstimmen. Ziel ist somit einerseits Kosten einzusparen und andererseits dem Patienten eine bessere Behandlung zuteilwerden zu lassen. Die Krankenkassen schließen in diesem Fall spezielle Verträge sowohl mit Kliniken als auch mit Ärzten ab.

2. Optionale Wahltarife mit Bindungsfrist

Neben den vorgenannten Wahltarifen für „besondere Versorgungsformen" dürfen die Krankenkassen zusätzlich auch optionale Wahltarife anbieten. Dies sind zum Beispiel Tarife, die einen Selbstbehalt vorsehen, eine Kostenerstattung regeln oder zu einer Beitragsrückzahlung führen können. Die Krankenkassen sind nicht verpflichtet, entsprechende Tarife anzubieten. Sie können sich auch auf einzelne Tarife beschränken. In der Praxis sind Wahltarife zu einem Unterscheidungskriterium beziehungsweise zu einem Wettbewerbsinstrument zwischen den Krankenkassen geworden. Gemeinsam ist den optionalen Wahltarifen, dass sie zulasten des GKV-Patienten stets mit einer Bindungsfrist von bis zu drei Jahren verbunden sind. Hierdurch kann der Wechsel der Krankenkasse erheblich eingeschränkt werden.

Was Sie bei der Kündigung der Krankenkasse beachten sollten:

Die Kündigung und der Wechsel der Krankenkasse sind an eine Mindestmitgliedschaft gebunden. Ein regulärer Wechsel ist nur möglich, wenn der GKV-Patient mindestens seit 18 Monaten bei der aktuellen Krankenkasse versichert gewesen ist. In diesem Fall beträgt die Kündigungsfrist zwei Monate zum Monatsende. Wer die bisherige Krankenkasse beispielsweise bis zum 31. Juli kündigt, kann ab dem 1. Oktober Mitglied der neuen Krankenkasse sein. Unabhängig von dem vorbeschriebenen normalen Kündigungsrecht gibt es noch ein Sonderkündigungsrecht: Kassenpatienten, die die Versicherungszeiten nicht erfüllen, haben das Recht auf eine außerordentliche Kündigung. Dieses Recht besteht aber nur dann, wenn die Krankenkasse erstmalig einen Zusatzbeitrag erhebt oder den bestehenden Beitrag erhöht. Dieses spezielle Sonderkündigungsrecht gilt bis zum Ende des Monats, in dem die Krankenkasse den neuen Beitragssatz zum ersten Mal erhebt. Die Kündigungsfrist beträgt auch in diesem Fall zwei Monate zum Monatsende.

WELCHE OPTIONALEN WAHLTARIFE GIBT ES?

- Tarife mit Selbstbehalt: Dem Versicherten wird bei diesem Tarif eine jährliche Prämie gutgeschrieben. Von dieser Prämie werden Kosten, etwa für Medikamente und Klinikaufenthalte, nach verschiedenen Systemen abgezogen. Einmal jährlich erfolgt die Abrechnung: Überschüsse werden erneut gutgeschrieben. Hat der GKV-Patient aber mehr Leistungen in Anspruch genommen, als sein Guthaben zulässt, muss er die Kosten bis zu einer vorher festgelegten Höchstgrenze, sogenannter Selbstbehalt, selbst tragen. Die Bindungsfrist beträgt bei diesem Tarif drei Jahre.
- Tarife mit Kostenerstattung: Der GKV-Patient zahlt in diesem Fall (wie der PKV-Patient) beim Arzt selbst und rechnet danach mit seiner Krankenkasse ab. Dafür werden höhere Summen erstattet. Allerdings können die Restkosten erheblich sein, dafür wird der GKV-Patient hier praktisch, wie ein PKV-Patient behandelt. Die Bindungsfrist beträgt in diesem Fall ein Jahr.

VERSCHAFFEN SIE SICH EIN BILD VON DEN ZU ERWARTENDEN MEHRKOSTEN!
Dieser Tarif kann unter Umständen zu hohen Kosten beim GKV-Patienten führen. Aus diesem Grunde bieten Krankenkassen an, eine Berechnung anhand der Vorjahresleistungen durchzuführen, damit der Patient sich einen Überblick über die zu erwartenden Mehrkosten verschaffen kann.

Tarife mit Beitragsrückerstattung: Nimmt der GKV-Patient und seine volljährigen Mitversicherten ein Jahr lang keine Leistungen in Anspruch, gewährt die Krankenkasse eine Prämie in Höhe von bis zu einem Zwölftel des gesamten Jahresbeitrags. Der Arbeitgeberanteil ist hierin inbegriffen, sodass mit etwa dem doppelten Monatsbeitrag gerechnet werden kann. Nicht als Leistung gelten hierbei Impfungen und Vorsorgeuntersuchungen. Die Bindungsfrist beträgt ein Jahr.

Tarife besondere Arzneimittel: Gegen eine gesonderte Prämienzahlung des GKV-Patienten werden die Kosten für Arzneimittel besonderer Therapien, wie zum Beispiel Homöopathie oder alternative Medizin, übernommen. Ansonsten sind diese Arzneimittel von der Versorgung ausgeschlossen. Die Bindungsfrist beträgt hier ein Jahr.

Tarife mit Krankengeldanspruch: Hauptberuflich selbstständig Tätige, unselbstständig Beschäftigte sowie Künstler und Publizisten können sich für einen besonderen Wahltarif entscheiden, durch den ihr gesetzlicher Krankengeldanspruch individualisiert werden kann. Dies kann zum Beispiel ein früherer Zahlungsbeginn gegen eine gesonderte Prämie sein. Mit Ausnahme der über die Künstlersozialkasse Versicherten kann der vorgenannte Personenkreis auch ein der Höhe nach angepasstes Krankengeld vereinbaren. Die Bindungsfrist beträgt in diesem Fall drei Jahre.

III. Die Bonusprogramme der Krankenkassen

Mit Bonusprogrammen motivieren Krankenkassen ihre Mitglieder an gesundheitsfördernden Maßnahmen, wie zum Beispiel Vorsorgeuntersuchungen oder Fitness-Programmen, teilzunehmen. Im Anschluss werden die Mitglieder dann mit Prämien belohnt. Die Höhe der Prämien hängt meist von der Art oder Häufigkeit der Maßnahmen ab.

Für die Teilnahme am Bonusprogramm ist eine Anmeldung bei der Krankenkasse nötig. Im Anschluss hieran erhalten die Mitglieder in der Regel ein Bonusheft, das sie nach einem Jahr gemeinsam mit den Nachweisen ihrer gesundheitsfördernden Aktivitäten bei der Krankenkasse einreichen.

Anstelle des Bonusheftes bieten manche Krankenkassen auch die Möglichkeit an, die Nachweise per App einzureichen. Einige Krankenkassen haben hierzu eigene Bonus-Apps entwickelt. Die App gibt dabei in der Regel einen Überblick über bereits gesammelte Punkte. Nachweise können einfach mit der Kamera des Smartphones fotografiert und hochgeladen werden. Im Prämienshop lassen sich die Punkte sodann gegen eine passende Prämie eintauschen.

Bei anderen Krankenkassen ist das Bonusprogramm in die Service-App integriert. Teilweise sind auch Verknüpfungen zu Google Fit, Samsung Health oder FitBit möglich. Die dort aufgezeichneten Aktivitäten werden den Mitgliedern automatisch für das Bonusprogramm gutgeschrieben.

WELCHE BONUSLEISTUNGEN WERDEN VORGESEHEN?

- Bonus als Geldbetrag;
- Bonus als Sachleistung;
- Bonus zur Finanzierung privater Zusatzleistungen;
- Bonusprogramm-Teilnahme für Familienversicherte;
- Bonusprogramm für Kinder;
- Bonus in das nächste Jahr übertragbar.

WAS SIND BONUSKRITERIEN?
Die Bonuskriterien variieren von Krankenkasse zu Krankenkasse. Mögliche Bonuskriterien sind in der Regel:

- Medizinische Vorsorgemaßnahmen;
- Nachweis sportlicher Betätigung, zum Beispiel durch Ablegen eines Sportabzeichens;
- Mitgliedschaft in einem Sportverein oder Fitnessclub;
- Vermeidung von Übergewicht;
- Verzicht auf Nikotin;
- regelmäßige Zahnreinigung beziehungsweise Zahnvorsorge.

Fragen Sie bei Ihrer Krankenkasse aktiv nach Bonussystemen, um bares Geld zu sparen!
Die Voraussetzungen für den Erhalt eines Bonus variieren von Krankenkasse zu Krankenkasse. Bei manchen Krankenkassen liegt der Schwerpunkt im Bereich Fitness, bei anderen Krankenkassen im Bereich von Vorsorgeuntersuchungen. Auch die auszuzahlenden Beträge variieren nicht unerheblich voneinander. Schließlich hat der Patient auch darauf zu achten, dass im Regelfall der Bonus innerhalb bestimmter Fristen nach Ablauf eines vorgesehenen Zeitraums, in der Regel zwölf Monaten, abgerufen werden muss. Erfolgt dies nicht, verfällt der Bonus. Es kann daher nur dringend empfohlen werden, sich über die Bonusprogramme der einzelnen Krankenkassen zu informieren. Im Internet werben die einzelnen Krankenkassen ausführlich mit ihren Bonusleistungen.

IV. Der Wechsel der Krankenkasse

Gerade die sehr unterschiedlich gestalteten Bonusleistungen der Krankenkassen stellen häufig einen Grund zum Wechsel der Krankenkasse dar. Auf die entsprechenden Kündigungsfristen wurde bereits an anderer Stelle hingewiesen. Diese betragen nach einer 18-monatigen Mitgliedschaft zwei Monate zum Monatsende. Daneben gibt es ein Sonderkündigungsrecht. Dieses besteht aber nur dann, wenn die Krankenkasse erstmalig einen Zusatzbeitrag erhebt oder den Kassenbeitrag insgesamt erhöht (vergleiche i.e. unter II.2.b.).

Die Kündigung der bisherigen Krankenkasse ist formlos, schriftlich möglich. Häufig finden sich bereits auf der Internetseite der neuen Krankenkasse entsprechende Kündigungsformulare. Nach der Kündigung erhält der GKV-Patient die Kündigungsbestätigung der bisherigen Krankenkasse.

WELCHE UNTERLAGEN WERDEN FÜR DEN WECHSEL DER KRANKENKASSE BENÖTIGT?

- Antragsformular der neuen Krankenkasse,
- Kündigungsbestätigung der alten Krankenkasse,
- Sozialversicherungsnummer,
- Adresse des Arbeitgebers,
- Passfoto für Versichertenkarte.

WORAUF SOLLTE BEIM WECHSEL EINER KRANKENKASSE GEACHTET WERDEN?

- Höhe der (Zusatz)Beiträge,
- Zusatzleistungen/Bonus,
- Service.

Seit dem 1.1.2015 darf jede Krankenkasse einen eigenen Zusatzbeitrag erheben. Arbeitnehmer und Rentner müssen diesen seit Januar 2019 nur noch zur Hälfte übernehmen, Selbstständige müssen den vollen Betrag allein zahlen. Wie hoch der jeweilige Zusatzbeitrag ausfällt, hängt von der finanziellen Lage der jeweiligen Krankenkasse ab. Die Unterschiede zwischen den Krankenkassen sind teils erheblich. Während einzelne Krankenkassen keinen Zusatzbeitrag erheben, verlangen andere Krankenkassen bis zu 2,2 %. Der Gesamtbeitrag kann dann zwischen 14,6 und 16,8 Prozent schwanken.

Auch die Zusatzleistungen sollten sorgfältig vor einem Wechsel geprüft werden. Ca. 95 % aller Leistungen der gesetzlichen Krankenkassen sind identisch. Darüber hinaus können die Krankenkassen aber freiwillige Zusatzleistungen anbieten. Diese Zusatzleistungen gehen über den gesetzlichen Schutz hinaus und unterscheiden sich von Krankenkasse zu Krankenkasse. So gibt es zum Beispiel Krankenkassen, die eine professionelle Zahnreinigung, Osteopathie oder Akupunktur bezuschussen. Andere Krankenkassen bieten zusätzliche Impfungen, etwa für eine Auslandsreise, an.

Ein weiteres Unterscheidungskriterium ist schließlich das Serviceangebot. Manche Krankenkassen unterhalten ein Servicetelefon, das rund um die Uhr besetzt ist. Andere Kassen verfügen über viele regionale Geschäftsstellen, da auch der persönliche Kontakt mit dem Mitglied gepflegt werden soll.

V. Zuzahlungen bei Arzneimitteln

Kosten für Arzneimittel werden bei GKV-Patienten grundsätzlich von der Krankenkasse übernommen. Allerdings haben GKV-Versicherte einen Teil der Kosten in Form von gesetzlichen Zuzahlungen selbst zu leisten. Der Eigenanteil beträgt 10 % des Arzneimittelpreises, mindestens jedoch 5,00 und höchstens 10,00 EUR. Kostet das Medikament weniger als 5,00 EUR, muss der GKV-Patient die Kosten allein tragen.

DIE ZUZAHLUNG GILT PRO MEDIKAMENT!
Die Zuzahlung gilt nicht pro Rezept, sondern pro verordnetem Medikament.

Beispiele für Zuzahlungen:

- Kostet ein Medikament 10,95 EUR, beträgt der Anteil des Patienten 5,00 EUR,
- kostet ein Medikament 75,25 EUR, beträgt der Anteil des Patienten 7,52 EUR,
- kostet ein Medikament 305,90 EUR, beträgt der Anteil des Patienten 10,00 EUR,
- kostet ein Medikament 3,25 EUR, beträgt der Anteil des Patienten 3,25 EUR,

Der Gesetzgeber hat eine Obergrenze für Zuzahlungen vorgesehen: Übersteigen die Kosten für Medikamente 2 % der jährlichen Einkünfte, kann sich der GKV-Patient für den Rest des Jahres von Zuzahlungen befreien lassen. Für chronisch kranke Patienten gilt eine reduzierte Zuzahlung von einem Prozent der Einnahmen.

WIE KANN DER PATIENT DIE ZUZAHLUNGSREGELUNG FÜR SICH GÜNSTIGER GESTALTEN?

Sehr häufig gibt es bei Medikamenten verschiedene Anbieter. Die unterschiedlichen Medikamente haben zwar den gleichen Wirkstoff, können im Preis aber sehr unterschiedlich sein, sogenannte Generika. Eine Kosteneinsparung kann der Patient in diesen Fällen erreichen, wenn das Original-Medikament 100,00 EUR und mehr kostet, demgegenüber aber das Generika 50,00 EUR oder weniger. In diesem Fall kann der Patient 5,00 EUR pro Medikament an Zuzahlung sparen.

FRAGEN SIE GEZIELT NACH GÜNSTIGEREN MEDIKAMENTEN!
Der Arzt muss den Patienten über die Mehrkosten informieren. Der Patient sollte sich in dieser Situation bei seinem Arzt nach günstigeren, vergleichbaren Medikamenten erkundigen.

WAS IST DIE FESTBETRAGSREGELUNG?

Die Krankenkassen haben für viele Medikamente sogenannte Festbeträge vorgesehen. In diesen Fällen zahlen die Krankenkassen nicht den von dem Pharmahersteller angesetzten Preis, sondern nur einen festgelegten

Preis, der jeweils für eine Gruppe vergleichbarer Medikamente gilt. Betroffen sind hiervon zum Beispiel Bluthochdruckmittel, Herz-Kreislauf-Präparate oder Cholesterinsenker. Bei einem Medikament, dessen Preis über dem Festbetrag der Krankenkassen liegt, muss der GKV-Patient die Differenz zwischen Festbetrag und Abgabepreis zusätzlich zur gesetzlichen Zuzahlung von 5,00 – 10,00 EUR pro Packung selbst bezahlen. Dies gilt selbst dann, wenn der Patient von einer Zuzahlung befreit ist (vergleiche oben).

Der GKV-Spitzenverband kann besonders preisgünstige Arzneimittel von der gesetzlichen Zuzahlung pro Packung befreien. Dafür muss das Medikament allerdings 30 % billiger sein als der vereinbarte Festbetrag. Eine gute Übersicht von zuzahlungsfreien Arzneimitteln gibt es als kostenlosen Download auf der Internetseite des GKV-Spitzenverbands unter dem Stichwort: Befreiungsliste Arzneimittel.

Schließlich können die Krankenkassen mit einzelnen Arzneimittelherstellern Rabattverträge abschließen. In diesen Fällen dürfen die Krankenkassen den GKV-Patienten die Zuzahlungen für die entsprechenden Medikamente ganz oder teilweise erlassen. Auskunft erteilt die jeweilige Krankenkasse.

ZUZAHLUNGEN SIND VON DER STEUER ABSETZBAR!
Wenn Zuzahlungen geleistet werden, sollte der Patient unbedingt die Belege aufbewahren, da er sie als außergewöhnliche Belastung in der nächsten Steuererklärung absetzen kann.

KANN MAN DIE MEDIKAMENTE IM VERSANDHANDEL GÜNSTIGER BEZIEHEN?
Grundsätzlich nicht, da nach einer umfangreichen Rechtsprechung Apotheken keine Boni für verschreibungspflichtige Medikamente gewähren dürfen. Folglich müssen Versandapotheken und die Apotheken vor Ort verschreibungspflichtige Medikamente zu einem einheitlichen Preis abgeben. Etwas anderes gilt allerdings für nicht verschreibungspflichtige Medikamente; hier kann die Apotheke Boni oder auch Zugaben, in Form kleiner Präsente, geben.

VI. Hilfsmittel, Heilmittel und Zuzahlungen

Zur medizinischen Behandlung gehören nicht nur Arzneimittel. Häufig sind auch technische oder andere Hilfsmittel medizinisch notwendig, die den Heilungsverlauf zusätzlich unterstützen.

WAS SIND HILFSMITTEL UND WAS SIND HEILMITTEL?
Zu den Hilfsmitteln gehören beispielsweise Sehhilfen, Rollstühle, Rollatoren, Inkontinenzhilfen, Prothesen, Schuheinlagen, Kompressionsstrümpfe, Hörgeräte oder Orthesen.

Demgegenüber sind Heilmittel: Krankengymnastik, Massage, Ergotherapie, Logopädie oder Lymphdrainage.

WELCHE HILFSMITTEL ZAHLT DIE KRANKENKASSE?
Die gesetzlichen Krankenkassen bezahlen Hilfsmittel, wenn sie im Einzelfall erforderlich sind, um den Erfolg einer Krankenbehandlung zu sichern, einer drohenden Behinderung vorzubeugen oder eine bereits vorhandene Behinderung auszugleichen. Die Versorgung mit einem Hilfsmittel muss von der Krankenkasse vorher genehmigt werden, soweit sie nicht darauf verzichtet hat. Dies kann zum Beispiel bei Hilfsmitteln unterhalb einer bestimmten Preisgrenze der Fall sein. Die vorherige Genehmigung durch die Krankenkasse gilt auch dann, wenn das Hilfsmittel vom behandelnden Arzt verordnet wurde. Messgeräte werden von den Krankenkassen nur erstattet, wenn es aus medizinischen Gründen zwingend erforderlich ist (Geräte zur Messung des Blutdrucks oder des Blutzuckers).

Auf Sehhilfen/Brillen haben zunächst nur Kinder und Jugendliche unter 18 Jahren einen Leistungsanspruch. Wer 18 Jahre und älter ist, hat einen Anspruch auf therapeutische Sehhilfen nur, wenn diese der Behandlung von Augenverletzungen oder -erkrankungen dienen. Ansonsten haben GKV-Patienten, die älter als 18 Jahre sind, einen Anspruch auf Sehhilfen nur dann, wenn eine schwere Sehbeeinträchtigung vorliegt. Dies ist dann der Fall, wenn auf beiden Augen eine Sehbeeinträchtigung mindestens der Stufe eins bei bestmöglicher Brillenkorrektur gegeben ist oder eine Sehhilfe mit einer Brechkraft von mehr als sechs Dioptrien infolge von Kurz- oder Weitsichtigkeit oder von mehr als 4 Dioptrien infolge von Hornhautkrümmung notwendig ist.

Allgemeine Gebrauchsgegenstände, wie zum Beispiel Wärmflaschen, Heizdecken oder bestimmte Haushaltsgeräte werden von der Krankenkasse nicht bezahlt, auch wenn sie einen geringen therapeutischen Nutzen haben.

Schließlich muss das Hilfsmittel ein beweglicher Gegenstand sein. Das bedeutet, dass Dienstleistungen, wie zum Beispiel der behindertengerechte Umbau eines Bades oder der Einbau eines Treppenlifts, keine Hilfsmittel darstellen.

Für Inkontinenzhilfen kann auf folgenden weiterführenden Link verwiesen werden:

https://www.verbraucherzentrale.de/wissen/gesundheit-pflege/krankenversicherung/inkontinenzhilfen-neue-vorgaben-fuer-bessere-kassenleistung-13690.

WIE HOCH IST DIE ZUZAHLUNG BEI HILFSMITTELN?

Für Hilfsmittel, die zum Verbrauch bestimmt sind, wie zum Beispiel Inkontinenzhilfen, Spritzen, Sonden oder Batterien, zahlen GKV-Patienten 10 % der Kosten pro Packung dazu, maximal aber 10,00 EUR für den gesamten Monatsbedarf an dem entsprechenden Hilfsmittel. Für alle anderen Hilfsmittel gilt die Zuzahlungsregel von 10 % des von der Krankenkasse zu übernehmendem Betrages, jedoch mindestens 5,00 EUR und maximal 10,00 EUR. Die Preise für Hilfsmittel werden zwischen den Krankenkassen und den Leistungserbringern vereinbart. Ist für ein Hilfsmittel ein Festbetrag festgesetzt, bildet dieser die Obergrenze für die vertraglich zu vereinbarender Preise.

WIE BEANTRAGE ICH HILFSMITTEL?

Damit die Krankenkasse ein Hilfsmittel erstattet, benötigt der Patient zunächst eine Verordnung, also Rezept seines Arztes. Der Arzt entscheidet, welches Hilfsmittel sinnvoll und erforderlich ist. Sodann erkundigt sich der Patient bei seiner Krankenkasse nach Anbietern, mit denen die Krankenkasse einen Leistungsvertrag abgeschlossen hat. Auch wenn die Krankenkasse im konkreten Fall keinen Vertrag über das konkrete Hilfsmittel abgeschlossen hat, teilt sie dem Patienten mit, wo er das Hilfsmittel erhalten kann. Der Patient begibt sich sodann zum Anbieter, beispielsweise einem Sanitätshaus, und lässt sich dort einen Kostenvoranschlag erstellen. Dieser wird dann mit dem Rezept und einer kurzen Erläuterung bei der Krankenkasse eingereicht.

WELCHE RECHTE HAT DER PATIENT, WENN SEIN ANTRAG AUF HILFSMITTEL ABGELEHNT WIRD?

Die Krankenkasse kann den Antrag des GKV-Patienten genehmigen, sie kann ihn aber auch ablehnen oder etwas anderes zusprechen, als das was beantragt wurde. In den beiden letztgenannten Fällen kann der Patient Widerspruch gegen den Bescheid der Krankenkasse einlegen. Der Widerspruch muss schriftlich und spätestens einen Monat nach Zugang des Bescheides bei der Krankenkasse eingelegt werden.

Der Widerspruch ist nicht zwingend zu begründen. Es muss lediglich kurz erklärt werden, dass der Patient mit der Entscheidung nicht einverstanden ist und er die Entscheidung der Krankenkasse durch einen Widerspruch angreift. Aufgrund des Widerspruchs ergeht dann ein weiterer Bescheid der Krankenkasse. Die Krankenkasse kann nun den Antrag bewilligen oder ihn erneut ablehnen. Ergeht ein ablehnender Bescheid, spricht man vom Widerspruchsbescheid. Gegen den Widerspruchsbescheid kann Klage zum Sozialgericht erhoben werden. Dies muss ebenfalls innerhalb Monatsfrist erfolgen.

Die Klageverfahren vor dem Sozialgericht sind in aller Regel kostenfrei, es fallen also keine Gerichtskosten an. Lässt sich der Patient hingegen von einem Anwalt vertreten, so entstehen Anwaltskosten. Für diese kann der Patient Prozesskostenhilfe beantragen, soweit er die entsprechenden Voraussetzungen erfüllt.

WANN BESTEHT EIN ANSPRUCH AUF HEILMITTEL?

Heilmittel dürfen von Ärzten nur dann verordnet werden, wenn deren therapeutischer Nutzen anerkannt und die Qualität bei der Leistungserbringung gewährleistet ist. Welche Heilmittel verordnungsfähig sind, ist in der Heilmittel-Richtlinie des gemeinsamen Bundesausschusses festgelegt. Im sogenannten Heilmittelkatalog, der Bestandteil der Heilmittel-Richtlinie ist, sind einzelnen Erkrankungsbildern Heilmittel zugeordnet, die verordnet werden können. Der Heilmittelkatalog, aber auch die Heilmittel-Richtlinie findet man unter: https://heilmittelkatalog.de/heilmittel.html

Heilmittelleistungen dürfen nur von zugelassenen Heilmittelerbringern, wie Physiotherapeuten, Ergotherapeuten, Logopäden und so weiter erbracht werden.

BITTEN SIE IHREN ARZT UM MITHILFE!
In dieser Situation sollte der Patient unbedingt mit seinem Arzt Kontakt aufnehmen. Der Arzt kann häufig gute Argumente, die den Widerspruch stützen können, beitragen.

UNTÄTIGKEITSKLAGE!
Wenn über den Widerspruch nicht innerhalb von drei Monaten entschieden ist, also kein Widerspruchsbescheid ergangen ist, kann der Patient ebenfalls eine sogenannte Untätigkeitsklage bei dem Sozialgericht erheben.

BEACHTEN SIE DIE FORMVORSCHRIFTEN!
Weder Widerspruch noch Klage dürfen per E-Mail eingereicht werden. Es fehlt in diesen Fällen an der Originalunterschrift. Widerspruch oder Klage wären in diesem Fall unzulässig. Die Klage beim Sozialgericht, die nicht unbedingt von einem Rechtsanwalt eingereicht werden muss, kann auch vom Patienten in der Geschäftsstelle des Sozialgerichtes erhoben werden.

WIE HOCH IST DIE ZUZAHLUNG BEI HEILMITTELN?
Die Zuzahlung bei Heilmitteln beträgt 10 % der Kosten des Heilmittels zuzüglich 10,00 EUR je Verordnung, wobei diese mehrere Anwendungen umfassen kann.

Beispiel für die Höhe der Zuzahlung:
Der Arzt verordnet je fünfmal Massage und Wärmepackung. Die Massage kostet 16,00 EUR und die Wärmepackung kostet 12,00 EUR. Die Zuzahlung errechnet sich wie folgt:

Massage:	10 % von 16,00 EUR × 5	=	8,00 EUR
Wärmepackung:	10 % von 12,00 EUR × 5	=	6,00 EUR
1 × Verordnung		=	10,00 EUR
Gesamt:		=	24,00 EUR

WAS IST DER UNTERSCHIED ZU PFLEGEHILFSMITTELN?
Unter Pflegehilfsmitteln werden Geräte und Sachmittel verstanden, die zur häuslichen Pflege notwendig sind. Sie dienen dazu, die Pflege zu erleichtern, die Beschwerden zu lindern sowie dem Pflegebedürftigen eine selbstständige Lebensführung zu ermöglichen.

Beispiele für Pflegehilfsmittel:
Betteinlagen, Notrufsystem, Pflegebett.

Pflegehilfsmittel werden über die Pflegeversicherung gewährt. Voraussetzung hierfür ist, dass Pflegebedürftigkeit gegeben ist. Der Patient benötigt daher eine Pflegestufe. Es wird wenigstens die Feststellung von Pflegegrad 1 verlangt.

VII. Kosten für Fahrten zum Arzt oder Krankenhaus

Fahrten zum Krankenhaus oder zu einer ambulanten Behandlung müssen mit einem Taxi oder einem Krankentransport unternommen werden, wenn der Patient nicht mobil ist. In diesen Fällen stellt sich die Frage, wann die gesetzliche Krankenkasse die hierfür entstehenden Kosten übernimmt, beziehungsweise wann der Patient selbst für die Fahrtkosten aufkommen muss.

Die gesetzliche Krankenkasse zahlt Patienten die Kosten für Fahrten, wenn diese im Zusammenhang mit einer Leistung der Krankenkasse aus medizinischer Sicht zwingend notwendig sind. Neben Kosten für Fahrten zu stationären Behandlungen übernehmen Kassen unter bestimmten Bedingungen auch die Kosten für Fahrten zu ambulanten Behandlungen. Der Gemeinsame Bundesausschuss (G-BA) hat eine Krankentransport-Richtlinie erlassen. Diese findet sich unter:
https://www.g-ba.de/richtlinien/25/

Bei ambulanten Behandlungen werden Fahrtkosten grundsätzlich dann übernommen, wenn ein Patient so erkrankt ist, dass er in kurzen Zeitabständen intensiv ärztlich behandelt werden muss. Dies kann beispielsweise bei Dialysen oder bei Strahlen-Chemotherapien zutreffen. Patienten, deren Behandlung nicht exakt diesen Regelungsbeispielen aus der Richtlinie entspricht, können bei ihrer Krankenkasse eine Genehmigung und Prüfung ihres Einzelfalles beantragen.

Darüber hinaus erstatten Krankenkassen die Fahrtkosten, wenn ein Patient dauerhaft in seiner Mobilität eingeschränkt ist und er deshalb weder das Auto noch öffentliche Verkehrsmittel nutzen kann. Dies trifft etwa auf Patienten zu, die einen Schwerbehindertenausweis mit dem Merkzeichen „aG“ (außergewöhnliche Gehbehinderung), „Bl“ (Blindheit) oder „H“ (Hilflosigkeit) haben; ferner auf Patienten mit der Einstufung als Pflegegrad 3, 4 oder 5.

Voraussetzung für eine Kostenübernahme ist stets die medizinische Notwendigkeit der Fahrt. Welches Fahrzeug der Patient nutzt, ob Taxi, öffentliches Verkehrsmittel oder Krankenwagen, hängt von den individuellen Gegebenheiten ab. Fahrten zur ambulanten Behandlung muss der GKV-Patient auf jeden Fall vor der Fahrt von der Krankenkasse genehmigen lassen. Für diese genehmigten Fahrten gelten die allgemeinen Zuzahlungsregelungen: 10 %, aber höchstens 10,00 EUR und mindestens 5,00 EUR pro Fahrt.

Wann werden Fahrtkosten von der Krankenkasse übernommen?
Die Krankenkassen übernehmen die Fahrtkosten, wenn dies medizinisch notwendig ist. Dies ist der Fall, wenn:

- Die Behandlung stationär erbracht werden muss;
- Es sich um eine Rettungsfahrt zum Krankenhaus auch ohne stationäre Behandlung handelt;
- Krankentransporte erforderlich sind, für die aus medizinischen Gründen eine fachliche Betreuung notwendig ist;

- Fahrten zu einer ambulanten Behandlung sowie Fahrten zu einer vor- oder nachstationären Behandlung oder zu einer ambulanten Operation im Krankenhaus, wenn dadurch eine an sich erforderliche stationäre oder teilstationäre Krankenhausbehandlung vermieden oder verkürzt wird.

VIII. Pflege zu Hause

Grundsätzlich ist zwischen häuslicher Pflege und häuslicher Krankenpflege zu unterscheiden.

Die häusliche Krankenpflege (HKP) ist eine Leistung der gesetzlichen Krankenversicherung. Sie wird als Sachleistung von den Krankenkassen erbracht und ist gesetzlich in § 37 SGB V normiert. Ein Unterfall ist die außerklinische Intensivpflege (AIK).

Hiervon abzugrenzen ist die häusliche Pflege, sie ist eine Leistung der Pflegeversicherung.

1. Die häusliche Pflege
Hierunter wird die pflegerische und hauswirtschaftliche Versorgung pflegebedürftiger Menschen außerhalb von Krankenhäusern in ihrer häuslichen Umgebung verstanden. Die häusliche Pflege wird sowohl von professionellen Pflegekräften als ambulante Pflege als auch von Familienangehörigen oder anderen Personen aus dem sozialen Umfeld der pflegebedürftigen Person geleistet. Der große Vorteil der häuslichen Pflege besteht für den Patienten darin, sich so lange wie möglich Lebensqualität und Selbstbestimmtheit in der gewohnten Umgebung zu erhalten.

Häusliche Pflege kann auch in Zusammenarbeit zwischen professionellen Pflegekräften und Familienangehörigen stattfinden.

Wird die häusliche Pflege vollständig vom ambulanten Pflegedienst erbracht, so kann dies sowohl die Grundpflege als auch die hauswirtschaftliche Versorgung betreffen. Beide Leistungen werden als Pflegesachleistung von der Pflegeversicherung erstattet.

WANN KANN EINE KOSTENÜBERNAHME ERFOLGEN?
Voraussetzung für eine Leistung der Pflegeversicherung ist, dass eine mindestens sechsmonatige Pflegebedürftigkeit vorliegen muss. An Demenz erkrankte Personen und Behinderte können schon bei geringerer Pflegebedürftigkeit Leistungsansprüche haben. Bei häuslicher Pflege durch Angehörige oder sonstige Privatpersonen zahlt die Pflegekasse beziehungsweise der Sozialhilfeträger ein pauschales Pflegegeld an die pflegebedürftige Person, die in dessen Verwendung frei ist. Wird professionelle Hilfe in Anspruch genommen, übernimmt der Sozialleistungsträger die Kosten bis zu bestimmten Höchstbeträgen, sogenannte Pflegesachleistung. Die Höchstbeträge für Pflegesachleistungen liegen höher als das Pflegegeld. Beide Leistungsarten können vom Patienten miteinander kombiniert werden. Das Pflegegeld wird diesen Fällen nach § 38 SGB XI um den Prozentsatz vermindert, in dem der Patient Pflegesachleistungen in Anspruch genommen hat.

Ist hingegen eine medizinische Behandlungspflege erforderlich, ist der Anspruch auf häusliche Krankenpflege eröffnet, der gegenüber der Krankenversicherung besteht und als vorrangig anzusehen ist.

2. Die häusliche Krankenpflege
GKV-Patienten erhalten in ihrem Haushalt häusliche Krankenpflege durch geeignetes Pflegepersonal. Das kann ein ambulanter Pflegedienst, eine Sozialstation oder eine ähnliche Einrichtung sein, wenn dies zusätzlich zur ärztlichen Behandlung erforderlich ist. Nach der gesetzlichen Regelung ist hiervon auszugehen, um

- eine stationäre Krankenhausbehandlung zu vermeiden oder zu verkürzen oder
- eine Krankenhausbehandlung angezeigt, aber nicht durchführbar ist, § 37 Abs. 1 SGB V oder
- wenn die häusliche Krankenpflege zur Sicherung des Ziels der ärztlichen Behandlung erforderlich ist, § 37 Abs. 2 SBG V und
- wenn die nötigen Verrichtungen nicht vom Patienten selbst oder von einer anderen im Haushalt lebenden Person durchgeführt werden können.

Die häusliche Krankenpflege muss ärztlich verordnet werden. Ferner muss sie im Voraus von der Krankenkasse genehmigt werden.

WIE WIRD DIE HÄUSLICHE KRANKENPFLEGE BEANTRAGT?

Der Arzt erstellt auf einem speziellen Vordruck eine Verordnung, die zur Genehmigung bei der Krankenkasse vorgelegt wird. In der Regel wird häusliche Krankenpflege einmalig verordnet. Geht es hingegen nur um die sogenannte Behandlungspflege, stellt der Arzt in der Regel ein Rezept pro Quartal aus. Behandlungspflege umfasst im Gegensatz zur sogenannten Grundpflege, die Medikamentengabe, die Verabreichung von Injektionen oder den Verbandwechsel. Demgegenüber gehört zur Grundpflege die Körperpflege, die Hilfe bei der Ernährung, Bewegung sowie die hauswirtschaftliche Versorgung, wie zum Beispiel das Kochen, Aufräumen der Wohnung und das Einkaufen.

Voraussetzung für die Erbringung der häuslichen Krankenpflege ist, dass sich der Patient im eigenen Haushalt oder im Haushalt seiner Familie aufhält. Der Aufenthalt in betreuten Wohnformen ist ebenfalls ausreichend. Darüber hinaus kann die Pflege auch in Kindergärten oder Schulen erbracht werden. Gedacht ist hier an Fälle, in denen insulinpflichtigen Kindern regelmäßig während des Kindergarten- oder Schulbesuches Insulininjektionen verabreicht werden müssen.

Dem Gesetzgeber ging es bei der Umschreibung des Aufenthaltsortes darum, die häusliche Krankenpflege von einer Leistungserbringung im stationären Bereich, also zum Beispiel einem Pflegeheim, abzugrenzen. Pflegebedürftige in voll- oder teilstationärer Pflege haben Anspruch auf Leistungen aus der gesetzlichen Pflegeversicherung, SGB XI.

WAS UMFASST DIE HÄUSLICHE KRANKENPFLEGE UND WIE WIRD DIE LEISTUNG ERBRACHT?

Die häusliche Krankenpflege beinhaltet zum einen die Behandlungspflege, also zum Beispiel den Verbandwechsel oder die Verabreichung von Injektionen oder Medikamenten, zum anderen wird die Grundpflege umfasst, zu der die Körperpflege, aber auch die hauswirtschaftliche Versorgung zählt. Welche Verrichtungen in welchem Umfang und für welche Dauer verordnungs- und genehmigungsfähig sind, ist in der Richtlinie des G-BA über die Verordnung von häuslicher Krankenpflege zwischen Krankenkassen und Ärzten vereinbart. Die Richtlinie findet sich unter: https://www.g-ba.de/richtlinien/11/.

Die Leistungen der häuslichen Krankenpflege werden als Sachleistung gewährt, das bedeutet, die Pflegedienste rechnen die angefallenen Kosten direkt mit der Krankenkasse ab. Der Patient darf nur solche Pflegedienste in Anspruch nehmen, die einen entsprechenden Versorgungsvertrag mit der Krankenkasse abgeschlossen haben.

WIE LANGE KANN HÄUSLICHE KRANKENPFLEGE IN ANSPRUCH GENOMMEN WERDEN?

Häusliche Krankenpflege kann für bis zu vier Wochen je Krankheitsfall beansprucht werden, § 37 Abs. 1 SGB V. In Ausnahmefällen ist eine Verlängerung möglich, sofern der Medizinische Dienst der Krankenkassen eine Verlängerung unter medizinischen Gesichtspunkten für erforderlich hält und der Maßnahme zustimmt. Auch hier ist allerdings Voraussetzung, dass eine stationäre Krankenhausbehandlung vermieden oder verkürzt werden muss, beziehungsweise aus bestimmten Gründen nicht durchführbar ist.

Geht es nur um Behandlungspflege, kann eine zeitlich unbefristete Genehmigung erfolgen, solange die Behandlungspflege aus ärztlicher Sicht medizinisch notwendig ist, § 37 Abs. 2 SGB V.

Keine Grundpflege erforderlich!

Ein Patient bittet um vorzeitige Entlassung aus stationärer Krankenhausbehandlung, um seiner Tätigkeit als Freiberufler nachzugehen. Der Arzt hat zunächst Bedenken, da der Patient nach der Operation noch eine große Wunde hat. Man einigt sich schließlich dahingehend, dass sich der Patient wöchentlich bei der chirurgischen Ambulanz im Krankenhaus vorstellen und die weitere Behandlungspflege, also Spülung der Wunde, Anlegen neuer Verbände, durch einen professionellen Pflegedienst erledigt wird. In diesem Fall ist Grundpflege nicht erforderlich, da der Patient insoweit keine Hilfe benötigt.

WELCHE ZUZAHLUNGEN SIND ERFORDERLICH?

Für Leistungen der häuslichen Krankenpflege muss eine Zuzahlung von 10,00 EUR pro ärztlicher Verordnung bezahlt werden. Zusätzlich werden für die ersten 28 Tage je Kalenderjahr 10 % der Kosten als Zuzahlung fällig. Die Zuzahlungen werden von den Krankenkassen berechnet und eingezogen. Eine Ausnahme besteht dann, wenn die häusliche Krankenpflege wegen Schwangerschaft oder Entbindung benötigt wird. In diesen Fällen müssen die betroffenen Frauen keine Zuzahlung leisten; § 24e, g SGB V.

IX. Der Anspruch auf Krankengeld

Der Anspruch auf Krankengeld besteht gegenüber der gesetzlichen Krankenkasse, wenn der Patient wegen derselben Krankheit für länger als sechs Wochen krankgeschrieben ist. Das Krankengeld beträgt maximal 90 % des bisherigen Netto-Gehaltes. Es wird für maximal 78 Wochen gezahlt.

WER HAT ANSPRUCH AUF KRANKENGELD?
Anspruch auf Krankengeld haben GKV-Patienten, insbesondere pflichtversicherte Arbeitnehmer, § 5 Abs. 1 Nr. 1 SGB V. Weitere Voraussetzungen sind:

- Stationäre Behandlung in einem Krankenhaus oder einer Reha-Einrichtung, ohne weiteren Bezug von Gehalt.
- Arbeitsunfähigkeit wegen derselben Erkrankung über einen Zeitraum von mehr als sechs Wochen und der Arbeitgeber zahlt kein Gehalt, § 3 EntgeltG.
- Erkrankung innerhalb der ersten vier Wochen nach Antritt einer neuen Stelle. Eine Gehaltsfortzahlung des Arbeitgebers muss in dieser Situation nicht erfolgen, stattdessen kann die Krankenkasse Krankengeld zahlen.
- Patient bekommt Arbeitslosengeld I (ALG I) und ist länger als sechs Wochen krank. Während der ersten sechs Wochen zahlte die Agentur für Arbeit das Arbeitslosengeld weiter. Danach übernimmt die Krankenkasse mit Zahlung des Krankengeldes.

KURZE FRIST ZUR EINREICHUNG DER ARBEITSUNFÄHIGKEITSBESCHEINIGUNG!
Die Arbeitsunfähigkeitsbescheinigung muss innerhalb von einer Woche nach dem Besuch beim Arzt an die Krankenkasse geschickt werden. Ansonsten zahlt die Krankenkasse nicht, der Anspruch auf Krankengeld ruht; § 49 Abs. 1 Nr. 5 SBG V.

Ehegatten und Kinder, die in der gesetzlichen Familienversicherung mitversichert sind, haben keinen Anspruch auf Krankengeld. Auch pflichtversicherte Praktikanten, Studenten und Empfänger von Arbeitslosengeld II (ALG II) haben keinen Anspruch. ALG II-Empfänger erhalten weiterhin die Grundsicherung. Wer als Selbstständiger freiwillig in der gesetzlichen Krankenkasse versichert ist, muss sich selbst um die Absicherung im Krankheitsfall kümmern, es gibt allerdings Möglichkeiten wie auch ein freiwillig in der gesetzlichen Krankenkasse Versicherter Krankengeld beantragen kann:

- Es wird bei der gesetzlichen Krankenkasse ein ermäßigter Beitrag von 14 % zuzüglich des kassenindividuellen Zusatzbeitrages von derzeit

durchschnittlich 1,1 % (Stand 2020) gezahlt. In diesem Fall, dem Regelfall, wird kein Krankengeld gezahlt.
- Es wird der normale Beitragssatz von 14,6 % des Bruttoeinkommens plus Zusatzbeitrag gezahlt. In diesem Fall wird Krankengeld wie bei normalen Arbeitnehmern ab dem 43. Tag der Arbeitsunfähigkeit gezahlt. Es muss allerdings ausdrücklich gegenüber der Krankenkasse erklärt werden, dass die Zahlung von Krankengeld gewünscht wird.
- Es wurde bei der Krankenkasse ein Wahltarif mit Krankengeldanspruch abgeschlossen, um bereits vor dem 43. Tag Krankengeld zu bekommen. In diesem Fall hängt die Zahlung davon ab, was mit der Krankenkasse konkret vereinbart wurde.
- Es wird eine private Krankentagegeldversicherung abgeschlossen.

WAS IST BEI DER KRANKSCHREIBUNG ZU BEACHTEN?

Der Anspruch auf Krankengeld beginnt mit dem Tag, an dem der Arzt die Arbeitsunfähigkeit festgestellt hat, § 46 Satz 1 Nr. 2 SBG V. Um den Anspruch auf Krankengeld zu erhalten, muss der Arzt den Patienten in der Regel ohne Unterbrechung erneut krankschreiben, und zwar spätestens am nächsten Werktag nach dem zuletzt bescheinigten Ende der Arbeitsunfähigkeit. Samstage gelten in diesem Zusammenhang nicht als Werktage.

SO VERMEIDEN SIE EINE „ANSPRUCHSLÜCKE“:
Endet die Krankschreibung an einem Dienstag, muss spätestens am darauffolgenden Mittwoch der Arzt aufgesucht werden. Anderenfalls entsteht eine Anspruchslücke und die Krankenkasse kann die Zahlung einstellen. Eine rückwirkende Krankschreibung durch den Arzt ist nicht möglich.

Arbeitsunfähigkeit „bis auf Weiteres“:
Auf der Arbeitsunfähigkeitsbescheinigung befindet sich ein Feld, in das der Arzt eintragen muss, wie lange der Patient voraussichtlich arbeitsunfähig ist. In aller Regel schreibt der Arzt für nicht mehr als zwei Wochen krank. Ist das Ende der Krankheit noch nicht absehbar, lassen manche Ärzte das Feld frei oder schreiben: „bis auf Weiteres“. Bei einer Krankschreibung „bis auf Weiteres“, darf die Krankenkasse die Zahlung von Krankengeld nicht einstellen. (BSG Urteil vom 10.5.2012, Aktenzeichen B 1 KR 20/11 R).

WAS IST, WENN SICH DIE KRANKENKASSE WEIGERT, KRANKENGELD ZU ZAHLEN?

Es kann vorkommen, dass die Krankenkassen die Zahlung von Krankengeld verweigern, vornehmlich mit der Begründung, der Patient sei längst wieder gesund und könne arbeiten. Ohne Begründung darf die Krankenkasse die Lohnersatzzahlung nicht streichen. Sie muss eigene Ermittlungen anstellen, um die von ihr aufgestellte Behauptung zu beweisen. Hierzu befragt sie in der Regel die behandelnden Ärzte und ordnet eine medizinische Untersuchung an. Nach der Rechtsprechung ist es nicht zulässig, wenn sich die Krankenkasse allein auf eine Stellungnahme ihres medizinischen Dienstes beruft.

LASSEN SIE SICH BERATEN UND HELFEN!
Bei Schwierigkeiten mit der Krankenkasse sollte man sich unbedingt beraten und unterstützen lassen. Beratung wird von der unabhängigen Patientenberatung (UPD), den Verbraucherzentralen oder den Sozialverbänden angeboten.

WAS IST, WENN DAS KRANKENGELD ENDET?
Wenn der Patient auch nach der 78. Woche der Krankengeldzahlung, also dem Ende des Krankengeldes, nicht arbeitsfähig ist, spricht vieles für eine Erwerbsunfähigkeit. In diesem Fall besteht der Anspruch auf eine Erwerbsminderungsrente.

WAHREN SIE IHREN ANSPRUCH AUF ARBEITSLOSENGELD I!
Patienten sollten sich spätestens drei Monate vor Ablauf des Krankengeldes bei der Agentur für Arbeit melden, da sie einen Anspruch auf ALG I haben; § 145 SGB III.

Spätestens drei Monate vor dem Auslaufen des Krankengeldes fordert die Krankenkasse den Patienten auf, einen Antrag auf Reha zu stellen. Daraufhin wird geprüft, ob durch eine Reha-Maßnahme die Arbeitsfähigkeit wiederhergestellt werden kann. Ist dies nicht zu erwarten, wird der Antrag auf Reha in einen Antrag auf Erwerbsminderungsrente umgewandelt.

Stellen Sie Leistungsanträge frühzeitig!
Patienten, die eine Berufsunfähigkeitsversicherung haben, sollten frühzeitig einen Leistungsantrag bei der Versicherung stellen. Die Entscheidung über den Antrag dauert meist mehrere Monate. Krankengeld und Berufsunfähigkeitsrente können parallel bezogen werden.

X. Die medizinische Behandlung im Ausland

Für medizinische Behandlungen im Ausland gibt es mehrere Gründe: Immer mehr Menschen, insbesondere auch ältere Mitbürger, zieht es ins Ausland, um dort ihren Lebensabend zu verbringen. Folglich sind sie darauf angewiesen, an ihrem neuen Wohnort medizinische Leistungen in Anspruch zu nehmen. Des Weiteren ist in den letzten Jahren auch ein regelrechter Medizintourismus zu verzeichnen. Das Ausland lockt oft mit günstigen Operationen, gerade im kosmetischen Bereich. Schließlich wird Deutschland als „Reiseweltmeister“ bezeichnet, so dass es auch häufig zu Erkrankungen oder Unfällen während des Auslandsurlaubs kommt.

1. Der kranke Tourist

Die gesetzlichen Krankenkassen kommen für Behandlungen im Falle einer akuten Erkrankung sowohl in einem EU-Mitgliedsland als auch in Ländern auf, mit denen ein Sozialversicherungsabkommen besteht. Eine Übersicht über die entsprechenden Länder findet sich unter folgendem Link: https://www.dvka.de/de/global/impressum.html.

Beim ausländischen Arzt oder in der ausländischen Klinik müssen die europäische Krankenversicherungskarte (EHIC) und der Personalausweis vorgelegt werden. Die europäische Krankenversicherungskarte ist auf der Rückseite der elektronischen Gesundheitskarte abgedruckt. Die Krankenkassen übernehmen in aller Regel nur die Kosten, die auch von den Kosten im jeweiligen Land erstattet werden. Auch GKV-Patienten müssen daher Selbstbehalte und Zuzahlungen, die in dem betreffenden Ausland üblich sind, aus der eigenen Tasche zahlen. Bei privatversicherten Patienten übernimmt die Krankenversicherung die Kosten für alle Leistungen, die einem gesetzlich Versicherten im jeweiligen Urlaubsland zustehen. Bei privatversicherten Patienten kann es aber auch passieren, dass der ausländische Arzt oder Krankenhaus auf Vorkasse besteht. In diesem Fall müssen dann die entsprechenden Rechnungen später, nach Rückkehr, bei der Krankenversicherung eingereicht werden.

Bei Reisen außerhalb der EU und in Länder, mit denen kein Sozialversicherungsabkommen besteht, wie zum Beispiel den USA, werden Behandlungskosten von der Krankenkasse nicht erstattet.

2. Der Medizintourist

Wer beabsichtigt, sich im Ausland (beispielsweise zahnmedizinisch) behandeln zu lassen, da dort die Behandlungen mitunter wesentlich günstiger sein können, muss vor Beginn der Behandlung einiges beachten: Bestimmte Leistungen, wie zum Beispiel Zahnersatz oder Kuren, müssen, wie bei einer Behandlung in Deutschland, vorher von der Krankenkasse genehmigt werden. Beim Zahnersatz gehört hierzu zum Beispiel ein Kostenvoranschlag, der sogenannte Heil- und Kostenplan, der vorab bei der Kasse einzureichen ist. Ansonsten wird eine Kostenübernahme verweigert. Entsprechendes gilt für geplante Krankenhausaufenthalte.

WIE FINDE ICH DEN RICHTIGEN ARZT ODER DAS PASSENDE KRANKENHAUS IM AUSLAND?

Es lohnt sich Kontakt mit der Krankenkasse in Deutschland aufzunehmen. Häufig liegen hier hilfreiche Informationen vor. Ferner präsentieren sich ausländische Kliniken und Ärzte häufig im Internet. Schließlich können auch die deutschen Automobilklubs Auskunft über deutschsprachige Behandlungsmöglichkeiten im Ausland geben.

KANN ICH IM AUSLAND KUREN?

Mehrere Krankenkassen haben Verträge mit Kureinrichtungen vornehmlich in Osteuropa abgeschlossen. Entsprechende Vereinbarungen erleichtern die Direktabrechnung. Aus diesem Grunde sollten Patienten, die nach einem entsprechenden Kuraufenthalt suchen, bei ihrer Krankenkasse nachfragen, ob spezielle Abkommen bestehen. Sollten keine Abkommen bestehen, so muss die Kur vor Antritt von der Krankenkasse

EINE ZUSATZVERSICHERUNG DECKT KOSTENRISIKEN AB!
Eine private Auslandskrankenversicherung ist dringend zu empfehlen, da sie die Lücken des gesetzlichen Versicherungsschutzes schließt. Dies gilt insbesondere für einen Rücktransport. Diese Kosten werden von der gesetzlichen Krankenkasse nicht getragen und können sehr schnell fünfstellige Euro-Beträge erreichen. Gesetzliche Krankenkassen bieten einen verbesserten Schutz für Auslandsreisen in Form von Wahltarifen an.

VORSICHT BEI PRIVATÄRZTLICHER BEHANDLUNG IM AUSLAND!
Es kommt vor, dass bei Erkrankungen im ausländischen Hotel von der Hotelleitung Privatärzte vermittelt werden. Hier ist für GKV-Patienten große Vorsicht angeraten. GKV-Patienten dürfen grundsätzlich nur solche ausländischen Ärzte und Krankenhäuser in Anspruch nehmen, die im System der Krankenversicherung des ausländischen Staates zur Versorgung der Versicherten berechtigt sind. Hierüber sollte man sich bereits vor Antritt der Reise informieren.

genehmigt werden. Der Kostenersparnis bei einer ausländischen Kur müssen stets die Reisekosten zum Kurort gegenübergestellt werden, die vom Patienten zu tragen sind.

WIE ERFOLGT DIE ABRECHNUNG?
Die Abrechnung erfolgt unterschiedlich: Wird vor der Behandlung keine Genehmigung von der Krankenkasse eingeholt, muss der Patient im Ausland in Vorleistung treten. Erst nach Abschluss der Behandlung und gegen Vorlage aller Rechnungen über die erbrachten Leistungen erstattet die Krankenkasse dann die Kosten. Eine Erstattung erfolgt in diesem Fall aber nur bis zu dem Betrag, der bei entsprechender Behandlung auch im Inland fällig geworden wäre.

Lässt sich der Patient vor Beginn der Behandlung diese durch seine Krankenkasse genehmigen, so erfolgt die Leistung grundsätzlich als Sachleistung, das bedeutet, die Krankenkasse zahlt direkt an den ausländischen Arzt oder das ausländische Krankenhaus.

AN WEN KANN MAN SICH WENDEN, WENN ES BEI DER BEHANDLUNG IM AUSLAND PROBLEME GIBT?
Erster Ansprechpartner ist stets die eigene Krankenkasse. Ansonsten kann man sich auch an die Deutsche Verbindungsstelle Krankenversicherung Ausland wenden. Deren Internetseite findet sich unter: https://www.dvka.de/de/versicherte/touristen/.

Ansonsten gibt es die nationale Kontaktstelle für die grenzüberschreitende Gesundheitsversorgung. Deren Homepage findet sich unter: https://www.eu-patienten.de/.

3. Der kranke Auswanderer

Bei Menschen, die dauerhaft im Ausland leben, ist danach zu unterscheiden, ob sie noch Mitglied in der deutschen Krankenversicherung sind oder nicht. In Deutschland gilt, was bereits erläutert wurde, nach § 5 SGB V eine Versicherungspflicht. Diese Versicherungspflicht endet nach § 190 Abs. 13 Nr. 2 SGB V entweder dann, wenn ein anderweitiger Anspruch auf Absicherung im Krankheitsfall begründet wird oder der Wohnsitz oder gewöhnliche Aufenthalt in einen anderen Staat verlegt wird.

Eindeutig ist die Situation dann, wenn sich jemand in Deutschland abmeldet und ins Ausland verzieht. In diesem Fall muss sich der Auswanderer um einen neuen Versicherungsschutz im Zielland kümmern.

Problematischer sind hingegen die Fälle, vornehmlich bei älteren Patienten, die gern die kalte Jahreszeit in warmen Gefilden überwintern, aber Teile des Jahres in Deutschland verbringen. Hier gilt grundsätzlich die 183-Tage-Regelung, wonach man zusammenhängend mindestens sechs Monate im Ausland verbringen muss, um dort einen gewöhnlichen Aufenthaltsort zu begründen. Zu einem Verlust der Mitgliedschaft in der deutschen Krankenkasse führt die 183-Tage-Regelung aber nur dann, wenn nachgewiesen wird, dass die sozialen Bindungen im Ausland stärker sind, als in Deutschland. Dies ist insbesondere dann der Fall, wenn im Ausland eine berufliche Tätigkeit besteht. Der klassische Rentner, der dem deutschen Winter durch einen mehrmonatigen Aufenthalt auf den Kanaren entflieht, verliert nicht automatisch seine deutsche Krankenversicherung. Im Gegenteil: Einige Kassen sträuben sich sogar dagegen, wenn ein GKV-Patient wegen eines „vorübergehenden" Auslandsaufenthaltes aus der Krankenkasse entlassen werden will.

Das ist bei der Auswanderung zu beachten!
Ist bei einem längeren Auslandsaufenthalt die ausländische Krankenversicherung günstiger als die deutsche, so muss die deutsche Krankenversicherung den Patienten entlassen, wenn er sich in Deutschland abgemeldet hat und die Abmeldebescheinigung vorlegt. Will sich der Patient aus Deutschland abmelden, so muss er nachweisen, dass sein gewöhnlicher Aufenthaltsort im Ausland begründet ist. Dies erfolgt durch Vorlage von Meldebescheinigungen, Mietverträgen oder Aufenthaltsgenehmigungen.

SIE BEHALTEN EINEN WEITEREN MONAT IHREN VERSICHERUNGSSCHUTZ!
Nachdem die gesetzliche Versicherungspflicht aufgrund des Auslandsaufenthaltes erlischt, gilt eine Nachversicherungspflicht für gesetzliche Krankenversicherungen. Nach § 19 Abs. 2 SGB V besteht in diesen Fällen Anspruch auf Leistungen für einen Monat nach dem Ende der Mitgliedschaft, solange keine Erwerbstätigkeit ausgeübt wird.

Zusammenfassung:
- Erkundigen Sie sich bei Ihrer Krankenkasse nach besonderen Versorgungsformen – hier können bedeutende Vorteile genutzt werden. Auch Wahltarife und Bonusprogramme Ihrer Krankenkasse können sich im Einzelfall lohnen. Lassen Sie sich beraten!
- Bei Zuzahlungen zu Arzneimitteln und Hilfsmitteln lohnt es sich, den verordnenden Arzt nach kostengünstigeren Alternativen (zB Generika) zu fragen.
- Sollten Sie auf Pflegeleistungen angewiesen sein, zögern Sie nicht, die Pflegeversicherung zu kontaktieren und Hilfe in Anspruch zu nehmen.
- Stellen Sie sicher, dass keine Anspruchslücken beim Krankengeld entstehen – beachten Sie geltenden Fristen!
- Bei Auslandsaufenthalten sollten GKV-Patienten unbedingt darauf achten, dass sie nur von solchen Ärzten behandelt werden, die in dem ausländischen Staat zur Versorgung der Versicherten berechtigt sind!

Die fehlerhafte Behandlung, welche Rechte hat der Patient?

Das vierte Kapitel befasst sich mit den Patientenrechten nach Behandlungsfehlern bzw. Aufklärungsversäumnissen. Wir zeigen auf, welche Arten von Behandlungsfehlern auftreten und welche Aufklärungsplichten bestehen. Ferner wird erläutert, welche Voraussetzungen vorliegen müssen, um einen Schadensersatzanspruch erfolgreich durchzusetzen

III. Das Recht des Patienten auf Aufklärung

IV. Der Sorgfaltsmaßstab des Arztes

V. Die verschiedenen Arten von Behandlungsfehlern

VI. Wie verhalte ich mich nach einem Behandlungsfehler?

VII. Welche Ansprüche stehen dem Patienten bei einem Behandlungsfehler zu?

VIII. Wie setze ich meine Rechte nach einem Behandlungsfehler durch?

IX. Verjährung

X. Welche Kosten entstehen bei einem Gerichtsverfahren?

4. Die fehlerhafte Behandlung, welche Rechte hat der Patient?

Fehler passieren überall. Wenn Ärzte einen Fehler machen, kann das dramatische Konsequenzen haben. Es kann zu schwersten Schädigungen kommen, die ein ganzes Leben lang andauern.

Die Bundesärztekammer gibt jährlich eine „Statische Erhebung der Gutachter- und Schlichtungsstellen“ heraus. In dieser Statistik werden die Behandlungen aufgelistet, bei denen ein Behandlungsfehler vermutet wird. Im Jahr 2020 war dies bei rund 9.500 Behandlungen der Fall. Von den rund 11.000 Anzeigen wurden rund 7.000 Fälle durch die Gutachter- und Schlichtungsstellen entschieden, hierbei zeigten sich Behandlungsfehler in 2.145 Fällen. Aus diesem Grunde wirbt die Bundesärztekammer auf ihrer Homepage mit einer extrem geringen Wahrscheinlichkeit, Opfer eines Behandlungsfehlers zu werden, angesichts des Umstandes dass es allein im ambulanten Bereich jährlich zu mehr als 1 Milliarde Patientenkontakten kommt. Diese Interpretation der Statistik verschweigt, dass die wenigsten Fälle von Behandlungsfehlern den Gutachter- und Schlichtungsstellen überhaupt angezeigt werden. An späterer Stelle wird noch zu zeigen sein, dass es in der Regel keinen Sinn macht, diese Einrichtungen der Ärztekammern anzurufen. Tatsache ist ferner, dass es keine offizielle Zahl von Behandlungsfehlern in Deutschland gibt, was sich durch den Umstand erklärt, dass es keine Stelle oder Register gibt, wo entsprechende Daten gesammelt werden. Ernstzunehmende Schätzungen, wie zum Beispiel von dem Aktionsbündnis Patienten-Sicherheit, dessen Schirmherr der Bundesgesundheitsminister ist, gehen bereits aufgrund internationaler Studien von rund 188.000 Behandlungsfehlern (im Jahr 2015) aus. Mitunter werden allerdings noch wesentlich höhere Zahlen genannt.

I. Was ist ein Behandlungsfehler?

Behandlungsfehler wurden früher gern verharmlosend als „Kunstfehler“ bezeichnet. Dieser Begriff geht auf den Mediziner Rudolf Virchow zurück. Er definierte den Kunstfehler als „Gesundheitsschädigung eines Patienten aus Mangel an gehöriger Aufmerksamkeit oder Vorsicht“ beziehungsweise als „Verstoß gegen die allgemein anerkannten Regeln der Heilkunst“. Der Begriff des Kunstfehlers ist veraltet, die Definition, die hinter diesem Begriff steht, gilt heute noch. Nach § 630a BGB, einer Regelung die durch das Patientenrechtegesetz im Jahr 2013 Eingang in das BGB gefunden hat, liegt ein Behandlungsfehler vor, wenn die „Behandlung nicht nach den zum Zeitpunkt der Behandlung bestehenden, allgemein anerkannten fachlichen Standards“ erfolgte.

Sowohl aus der Definition von Virchow als auch nach der Definition des heutigen Gesetzgebers wird deutlich, dass das schlichte Ausbleiben eines Heilungserfolges niemals einen Behandlungsfehler darstellen kann. Der Arzt schuldet keinen Heilerfolg. Er schuldet dem Patienten lediglich eine fachgerechte, dem wissenschaftlichen Stand entsprechende Behandlung als Dienstleistung. Das Feld möglicher Behandlungsfehler ist riesig. Es reicht von der Anamnese über die Diagnostik bis hin zur Therapie und Nachsorge. Behandlungsfehler können durch aktives Tun aber auch durch Unterlassen, wenn der Arzt also etwas nicht tut, was eigentlich geboten gewesen wäre, begangen werden.

DAS AUSBLEIBEN DES HEILERFOLGES BEWEIST KEINEN BEHANDLUNGSFEHLER!
Ein Behandlungsfehler liegt nur vor, wenn der Arzt gegen bestehende und allgemein anerkannte fachliche Standards verstößt. Einen Heilerfolg schuldet der Arzt nicht.

II. Ursachen und Bereiche, in denen häufig Behandlungsfehler auftreten

Ursachen für Behandlungsfehler sind heutzutage Gegenstand wissenschaftlicher Untersuchungen. Es gibt spezielle Programme und Einrichtungen, die sich mit dem Erkennen von Fehlerquellen befassen. Ärztliche Einrichtungen verfassen Richt- und Leitlinien, um medizinische Abläufe weitestgehend zur Fehlervermeidung zu standardisieren. Gleichwohl lassen sich Fehler niemals ganz vermeiden. Häufig ist der einzelne Behandler Schuld an einem Fehler, etwa weil er unkonzentriert war oder es versäumt hat, sich rechtzeitig fachliche Unterstützung von Kollegen einzuholen. Häufig verknüpfen sich auch mehrere kleine Fehler zu einer Fehlerkette, an deren Ende dann der Schaden am Patienten eintritt.

Nach den einschlägigen Statistiken ist das Hauptrisiko für Behandlungsfehler die hohe Arbeitsbelastung bei Medizinern, aber auch beim medizinischen Personal. Ein weiterer Risikofaktor sind Kommunikationsprobleme zwischen Patient und Arzt. Häufig sind Arzt und/oder Patient nicht in ausreichender Weise der deutschen Sprache mächtig und auch nicht in der Lage, in einer gemeinsamen Sprache miteinander zu kommunizieren. Missverständnisse sind vorprogrammiert. Ein weiterer Risikofaktor sind schließlich Verwechslungen, etwa bei Medikamenten.

Nach den Statistiken der Ärztekammern und dem Medizinischen Diensten der Krankenkassen (MDK) unterlaufen Chirurgen am häufigsten Behandlungsfehler. Gefolgt werden sie von orthopädischen und unfallchirurgischen Behandlungen. Die Innere Medizin und die Allgemeinmedizin kommen auf einen Anteil von rund 11 %, die Zahnmedizin auf ca. 9 %. Auf die Frauenheilkunde entfallen rund 7 % der Behandlungsfehler. In rund 51% der Fälle, in denen Behandlungsfehler festgestellt wurden, resultierten diese aus verspäteten oder gar nicht durchgeführten medizinischen Maßnahmen.

III. Das Recht des Patienten auf Aufklärung

Das Recht des Patienten, vor Durchführung einer medizinischen Behandlung aufgeklärt zu werden, ist ein grundlegendes Recht des Patienten. Ohne Aufklärung wäre jeder medizinische Eingriff eine strafbare Körperverletzung. Dies vor folgendem Hintergrund: Jeder medizinische Eingriff greift in die körperliche Unversehrtheit des Patienten ein und ist somit eine Körperverletzung. Dies gilt selbst dann, wenn der ärztliche Eingriff geboten war und fachgerecht durchgeführt wurde. Damit die Einwilligung des Patienten wirksam ist, muss der Patient wissen, in was er einwilligt. Eine wirksame Einwilligung setzt somit eine ärztliche Aufklärung über Art, Bedeutung, Ablauf, Risiken und Folgen des medizinischen Eingriffs voraus. Ferner ist über Behandlungsalternativen aufzuklären. Das Gesetz regelt sehr ausführlich worüber aufgeklärt werden muss:

§ 630e Abs. 1 BGB:
Der Behandelnde ist verpflichtet, den Patienten über sämtliche für die Einwilligung wesentlichen Umstände aufzuklären. Dazu gehören insbesondere Art, Umfang, Durchführung, zu erwartende Folgen und Risiken der Maßnahme sowie ihre Notwendigkeit, Dringlichkeit, Eignung und Erfolgsaussichten im Hinblick auf die Diagnose oder die Therapie. Bei der Aufklärung ist auch auf Alternativen zur Maßnahme hinzuweisen, wenn mehrere medizinisch gleichermaßen indizierte und übliche Methoden zu wesentlich unterschiedlichen Belastungen, Risiken oder Heilungschancen führen können.

Beispiele für aufklärungspflichtige Risiken:
Aufgeklärt werden muss unter anderem über folgende Risiken: Bei radiologischen Untersuchungen von Gefäßen (Angiografie) kann es zu einer Halbseitenlähmung kommen; nach Hüftoperationen kann es zu Lähmungen kommen; nach Bandscheibenoperationen können Querschnittslähmungen auftreten; eine Gebärmutterentfernung kann die Verletzung der Harnleiter nach sich ziehen; im Rahmen einer Strahlentherapie kann es zu einer Rückenmarksschädigung kommen.

Eine unterbliebene Aufklärung löst aber nicht zwangsläufig Schadensersatzansprüche gegen den Arzt aus. Es sind Fälle denkbar, in denen eine Aufklärung überhaupt nicht möglich ist, weil beispielsweise der Patient im bewusstlosen Zustand in das Krankenhaus eingeliefert wird und die dringend notwendige Operation keinen Aufschub duldet. In diesen Fällen spricht man von einer mutmaßlichen Einwilligung. Es wird also vermutet, dass der Patient zugestimmt hätte, wenn er bei Bewusstsein gewesen wäre. In Fällen, in denen eine Aufklärung möglich gewesen wäre, diese aber gleichwohl unterblieben ist, kann der Arzt einwenden, dass der Patient auch bei ordnungsgemäßer Aufklärung in den vorgenommenen Eingriff eingewilligt hätte. Man spricht in diesen Fällen von der hypothetischen Einwilligung. Auf die entsprechende Einwendung des Arztes kann der Patient seinerseits darlegen, dass er bei einer hypothetisch ordnungsgemäßen Aufklärung in einen echten Entscheidungskonflikt geraten wäre, ob er sich für oder gegen die Maßnahme entscheiden soll. Der Patient muss hingegen weder glaubhaft machen noch beweisen, dass er sich tatsächlich auch gegen die Maßnahme entschieden hätte, wenn er zutreffend aufgeklärt worden wäre. Im Streitfall prüft das Gericht in diesen Fällen in einer Beweisaufnahme, ob die Angaben des Patienten mit Blick auf den geltend gemachten Entscheidungskonflikt bei unterstellt zutreffender hypothetischer Aufklärung glaubhaft sind.

Beispiel zur hypothetischen Einwilligung:
Die übergewichtige P. leidet seit Geburt an einem Hüftgelenkleiden. Auch nach verschiedenen Operationen haben die Schmerzen nicht nachgelassen. Der Arzt empfiehlt ihr nun, eine künstliche Hüfte einsetzen zu lassen. Vor der Operation wird sie auf alle möglichen Risiken hingewiesen. Nicht angesprochen wird jedoch ihr Übergewicht. Die sodann durchgeführte Operation führt nicht zu dem gewünschten Erfolg. Die Schmerzen haben sich nicht verbessert. Die Beweglichkeit mit dem künstlichen Hüftgelenk lässt ebenfalls zu wünschen übrig. P. wendet ein, sie sei nicht ordnungsgemäß über das besondere Risiko aufgrund ihres Übergewichts aufgeklärt worden. Ihr Arzt hält entgegen, dass der Eingriff alternativlos gewesen sei und P. sich auch zu der Durchführung der Operation entschlossen hätte, wäre sie zuvor auf ein zusätzliches Risiko aufgrund des Übergewichts hingewiesen worden. Demgegenüber wendet P. ein, dass sie bei hypothetisch vollständiger Aufklärung in einen Entscheidungskonflikt geraten wäre und die Operation wohl verschoben hätte, um zunächst ihr Gewicht zu reduzieren.

Lösung:
Der Arzt beruft sich auf eine hypothetische Einwilligung. P. hingegen beruft sich auf einen klassischen „Entscheidungskonflikt“, indem sie behauptet, sie hätte den Eingriff aufgrund ihres Übergewichts zunächst verschoben, bis sie ausreichend Gewicht reduziert hätte. Diese Einlassung ist überzeugend und nachvollziehbar, so dass ein Gericht aller Voraussicht nach dieser Argumentation folgen wird. Folglich stehen P. Schmerzensgeldansprüche zu, da der Eingriff in Folge der unvollständigen Aufklärung rechtswidrig war.

Die Aufklärung muss so rechtzeitig erfolgen, dass der Patient seine Entscheidung über die Einwilligung wohlüberlegt treffen kann. Es ist erforderlich, dass der Patient die erhaltenen Informationen verarbeiten, abwägen und nötigenfalls noch weitere Informationen besorgen kann. Ein genauer Zeitpunkt kann nicht schematisch angegeben werden. Bei operativen Eingriffen muss der Arzt den Patienten aber mindestens am Tag vor dem Eingriff aufklären, um eine Rechtzeitigkeit der Aufklärung annehmen zu können. Generell sollte die Aufklärung so früh wie möglich stattfinden. Wird erst auf dem Weg in den OP aufgeklärt, so ist dies eindeutig verspätet. Die Aufklärung wäre in diesem Fall unwirksam.

Von besonderer Bedeutung ist auch, dass die Aufklärung entweder durch den behandelnden Arzt oder aber durch einen anderen Arzt erfolgt, der über die zur Durchführung der Maßnahme notwendige Ausbildung verfügt; § 630e Abs. 2 Nr. 1 BGB. Die Aufklärung durch nichtärztliches Personal ist auf jeden Fall unwirksam. Die Aufklärung muss stets mündlich erfolgen, ergänzend kann auf Unterlagen Bezug genommen werden, die der Patient in Textform erhält; § 630e Abs. 2 Nr. 1 BGB. Allein die Vorlage eines Aufklärungsbogens durch den Arzt zum Nachweis einer vollständigen, zutreffenden Aufklärung reicht nicht aus. Die Aushändigung und Unterzeichnung von Merkblättern oder ähnlichem ersetzen nach ständiger Rechtsprechung nicht das erforderliche Aufklärungsgespräch. Eine unterzeichnete Einwilligungserklärung kann allenfalls ein Indiz dafür sein, dass überhaupt eine Aufklärung stattgefunden hat.

Bei Minderjährigen, also Patienten, die das 18. Lebensjahr noch nicht vollendet haben, müssen beide Eltern aufgeklärt werden, sofern sie gemeinsam das elterliche Sorgerecht haben. Unabhängig von der Aufklärung der Sorgeberechtigten nimmt die Rechtsprechung aber auch eine Aufklärungspflicht des Minderjährigen an, sofern der Minderjährige nach seiner „geistigen und sittlichen Reife die Bedeutung und Tragweite des Eingriffes und seiner Gestattung zu ermessen vermag“. Feste

Altersgrenzen existieren hier nicht. Es kann aber davon ausgegangen werden, dass die Einwilligungsfähigkeit und Einsichtsfähigkeit regelmäßig etwa ab dem 14. Lebensjahr vorliegen. Die Aufklärung auch des Minderjährigen neben den Sorgeberechtigten ist vor dem Hintergrund bedeutsam, dass die Rechtsprechung dem aufklärungsfähigen Jugendlichen eine sogenannte „Veto-Entscheidung" einräumt. Trotz einer Einwilligung der Sorgeberechtigten darf also ohne Einwilligung und gegen den Willen des aufklärungsfähigen Jugendlichen eine ärztliche Maßnahme nicht vorgenommen werden.

Nehmen Sie eine Vertrauensperson zum Aufklärungsgespräch mit!
Lassen Sie sich die Aufklärungsbögen nach Möglichkeit vor der ärztlichen Aufklärung aushändigen, damit Sie die Bögen vorab in Ruhe lesen können und dann im Aufklärungsgespräch entsprechende Fragen an den Arzt richten können. Bitten Sie eine Person Ihres Vertrauens zu dem Aufklärungsgespräch hinzu. Lassen Sie sich auf jeden Fall eine Kopie des von Ihnen unterschriebenen Aufklärungsbogens aushändigen, damit Sie später in der Lage sind, nachzulesen, worüber aufgeklärt wurde.

Hinweise für den aufklärenden Arzt:
Für die Durchführung und den Inhalt des Aufklärungsgespräches ist im Streitfall die Arztseite darlegungs- und beweispflichtig. Es empfiehlt sich daher dringend, den Inhalt des Gespräches möglichst umfassend und präzise zu dokumentieren. Hierfür bieten die gängigen Aufklärungsbögen Abschnitte an, in denen handschriftliche Ergänzungen und Ergänzungen vorgenommen werden können. Diejenigen Risiken und Behandlungsalternativen, die durch den Verlag in dem Aufklärungsbogen bereits aufgeführt wurden, sollten – wenn sie besprochen wurden – im Einzelnen abgehakt oder markiert werden. Einem derart individualisierten Aufklärungsbogen kommt vor Gericht ein höherer Beweiswert zu als einem Bogen, der keine handschriftlichen Individualisierungen aufweist. Insbesondere sollten – neben den klassischen eingriffsimmanenten Risiken – auch patientenindividuelle Risiken besprochen und dokumentiert werden. Hier kann auf das vorstehende Beispiel (Übergewicht) verwiesen werden. Ferner sollte auf dem Aufklärungsbogen nicht nur das Datum des Aufklärungsgesprächs dokumentiert werden. Es empfiehlt sich, auch die Dauer des Gespräches festzuhalten, um dem regelmäßig erhobenen Vorwurf, das Gespräch habe nur wenige Minuten gedauert, entgegentreten zu können.

Bei fremdsprachigen Patienten muss sich der Arzt generell vergewissern, dass der Patient Wesen, Bedeutung und Tragweite des beabsichtigten Eingriffs begreift, um wirksam einwilligen zu können. Nach der gesetzlichen Regelung ist ausdrücklich vorgesehen, dass die Aufklärung für den Patienten verständlich sein muss; § 630e Abs. 1 Nr. 1 BGB. Notfalls muss der Arzt einen Dolmetscher hinzuziehen, wenn anders nicht gewährleistet ist, dass der fremdsprachige Patient die Aufklärung versteht. Die Rechtsprechung hat es in einem einzelnen Fall allerdings auch als ausreichend anerkannt, wenn der Arzt zu Übersetzungszwecken eine türkischstämmige Mitarbeiterin hinzuzog, die die Aufklärung für den Patienten in die türkische Sprache übersetzte.

Der Arzt muss im Zweifel beweisen, dass er ordnungsgemäß aufgeklärt hat. Die Rechtsprechung stellt insoweit aber keine besonders hohen Anforderungen. Im Zweifel, so die Rechtsprechung, ist dem Arzt Glauben zu schenken, zumindest dann, wenn seine Schilderung der Aufklärung in sich schlüssig ist. In diesem Zusammenhang verwenden viele Ärzte das sogenannte „immer-so-Argument“: Das bedeutet, dass im Gerichtsprozess der aufklärende Arzt als Zeuge benannt wird und aussagt, dass vor bestimmten Operationen, medizinischen Eingriffen etc stets in gleicher Weise aufgeklärt wird. Nach der Rechtsprechung reicht dies zumindest dann aus, wenn die Aussage des Arztes einen „überzeugenden Eindruck erwirkt“. Durch das Patientenrechtegesetz wird nunmehr in § 630f Abs. 2 BGB vorgesehen, dass in der Patientenakte, die jeder Arzt für einen Patienten führen muss, unter anderem auch Einwilligungen und Aufklärungen aufzunehmen sind. Nach § 630h Abs. 3 BGB wird sogar vermutet, dass eine medizinisch gebotene, wesentliche Maßnahme nicht getroffen wurde, wenn das Ergebnis nicht in der Patientenakte aufgezeichnet wurde. Fehlt es somit an einem Hinweis in der Patientenakte über eine erfolgte Aufklärung, so muss der Richter zugunsten des Patienten grundsätzlich davon ausgehen, dass keine Aufklärung stattgefunden hat.

FAZIT:
Die ärztliche Aufklärung spielt in der Praxis eine erhebliche Rolle. Findet sie nicht oder nicht ausreichend statt, so ist der medizinische Eingriff zunächst rechtswidrig. Der Arzt haftet in diesen Fällen grundsätzlich auf Schadensersatz, und zwar selbst dann, wenn der Eingriff als solcher fehlerfrei durchgeführt wurde. Der Arzt kann in diesen Fällen lediglich einwenden, der Patient hätte auch bei einer ordnungsgemäßen Aufklärung mutmaßlich oder hypothetisch in den medizinischen Eingriff eingewilligt. Dringt der Arzt mit diesem Einwand durch, so entfällt seine Haftung.

PRAKTISCHER HINWEIS:
Es kommt immer wieder vor, dass dem Patienten nur ein Aufklärungsbogen ausgehändigt wird, den er unterschreiben soll. Die Rechtsprechung hat bereits mehrfach entschieden, dass dies nicht ausreichend ist. Die Aushändigung und Unterzeichnung von Merkblättern, Aufklärungsbögen etc ersetzt nicht das erforderliche Aufklärungsgespräch. Eine unterzeichnete Einwilligungserklärung kann allenfalls ein Indiz dafür sein, dass ein Aufklärungsgespräch stattgefunden hat.

IV. Der Sorgfaltsmaßstab des Arztes

Ein Behandlungsfehler setzt voraus, dass es zu einer negativen Abweichung von den Regeln und Standards der ärztlichen Wissenschaft gekommen ist. Gleichwohl fragt sich aber, welcher Sorgfaltsmaßstab auf den jeweiligen Arzt anzuwenden ist. Es liegt nahe, dass ein erfahrener leitender Oberarzt über ein größeres medizinisches Wissen verfügt, als ein junger Assistenzarzt. Die Rechtsprechung hat sich bereits vielfach mit diesen Fragen befasst, da mitunter von Seiten der Ärzte vorgebracht wird, man habe sich mit der konkreten Technik, Instrumenten etc noch nicht richtig ausgekannt beziehungsweise es würde die entsprechende Erfahrung fehlen. Die Rechtsprechung lässt diese Einwände im Regelfall nicht gelten. Von jedem Facharzt wird erwartet, dass er dem Stand der medizinischen Wissenschaft seines Fachgebietes gerecht wird. Die Rechtsprechung arbeitet hier mit dem Begriff des sogenannten Facharztstandards. Dieser Facharztstandard ist gewahrt, wenn der behandelnde Arzt diejenigen Maßnahmen ergreift, die von einem gewissenhaften und aufmerksamen Arzt seines Fachgebiets vorausgesetzt und erwartet werden können. Auf die subjektiven Fähigkeiten und Kenntnisse des einzelnen Arztes kommt es hierbei nicht an. Erforderlich und geschuldet ist vielmehr diejenige Behandlung, die ein durchschnittlich qualifizierter Arzt des jeweiligen Fachgebietes nach dem jeweiligen Stand von Wissenschaft und Praxis an Kenntnissen, Wissen, Können und Aufmerksamkeit zu erbringen in der Lage ist.

Verfügt der behandelnde Arzt nicht über diese Kenntnisse und Fähigkeiten, genügt er also noch nicht dem Facharztstandard, so muss er einen entsprechenden Facharzt beiziehen oder den Patienten zu einem Facharzt überweisen.

V. Die verschiedenen Arten von Behandlungsfehlern

Entsprechend den verschiedenen Stadien, die eine ärztliche Behandlung durchläuft, wird auch nach verschiedenen Arten von Behandlungsfehlern unterschieden. Am Anfang einer Behandlung steht stets die Anamnese-erhebung. Wird die Anamnese nicht vollständig erhoben, weil die Krankengeschichte oder Vorerkrankungen nicht abgefragt werden, hat dies häufig eine unzureichende oder unterlassene Befunderhebung zur Folge. Dies hat häufig eine falsche Diagnose zur Folge. Im Anschluss an die Diagnose erfolgt die Therapie. Hierbei passieren am häufigsten Behandlungsfehler, wenn zum Beispiel eine Operation fehlerhaft durchgeführt wird. Schließlich kann es auch nach einer überstandenen Behandlung noch zu Fehlern kommen, wenn sich zum Beispiel der Patient im Krankenhaus mit Keimen infiziert oder beim Duschen nicht ausreichend von der Pflegekraft gestützt wird, sodass er stürzt und sich hierbei weitere Verletzungen zuzieht. Diese Behandlungsfehler werden unter dem Oberbegriff „Organisationsfehler“ zusammengefasst.

Eine weitere Unterscheidung fragt danach, ob es sich um einen einfachen oder um einen groben Behandlungsfehler handelt. Diese Unterscheidung ist für den Patienten von enormer Bedeutung. Grundsätzlich muss der Patient für die erfolgreiche Durchsetzung seiner Ansprüche nicht nur das Vorliegen eines Behandlungsfehlers beweisen, sondern darüber hinaus auch die Kausalität, also die Ursächlichkeit zwischen dem Behandlungsfehler und seinem Gesundheitsschaden. Der Patient muss also das Gericht davon überzeugen, dass sein Gesundheitsschaden unmittelbar auf den von ihm bereits bewiesenen Behandlungsfehler zurückzuführen ist. Diese Beweisführung ist, nachdem der Beweis eines Behandlungsfehlers bereits schwierig ist, für den Patient häufig nicht zu erbringen, da auch andere Einflüsse, zum Beispiel frühere Erkrankungen, zu dem Gesundheitsschaden geführt haben können. In dieser Situation hilft dem Patienten, wenn das Gericht einen groben Behandlungsfehler festgestellt hat. Ein grober Behandlungsfehler ist ein schwerwiegender Behandlungsfehler, der dem Arzt schlechterdings nicht unterlaufen darf.

DEFINITION:
Nach der Rechtsprechung des Bundesgerichtshofs (Urteil vom 7.11.2017 – VI ZR 173/17) liegt ein grober Behandlungsfehler vor, wenn der Arzt eindeutig gegen bewährte ärztliche Behandlungsregeln oder gesicherte medizinische Erkenntnisse verstoßen und einen Fehler begangen hat, der

aus objektiver Sicht nicht mehr verständlich erscheint, weil er einem Arzt des entsprechenden Fachs schlechterdings nicht unterlaufen darf."

In diesen Fällen vermutet das Gericht, dass der Gesundheitsschaden des Patienten tatsächlich auf den groben Behandlungsfehler zurückzuführen ist. Der Patient muss also diesen Zusammenhang nicht mehr beweisen. Der Arzt kann allerdings das Gegenteil beweisen, also, dass der Gesundheitsschaden nicht ursächlich auf den groben Behandlungsfehler zurückzuführen ist. Diese Beweisführung gelingt dem Arzt aber im Regelfall nicht.

1. Die fehlerhafte Diagnose

Stellt der behandelnde Arzt nach Auswertung der vollständig erhobenen Befunde (zum Beispiel Laborwerte oder Bildgebung) eine unzutreffende Diagnose, so ist juristisch zwischen einem nicht vorwerfbaren DiagnoseIRRTUM und einem vorwerfbaren DiagnoseFEHLER zu unterscheiden. Irrtümer bei der Diagnosestellung kommen in der Praxis nicht selten vor, da die Symptome einer Erkrankung nicht immer eindeutig sind, sondern auf verschiedene Ursachen hinweisen können. Auch kann jeder Patient wegen der Unterschiedlichkeiten des menschlichen Körpers die Anzeichen ein und derselben Krankheit in anderer Ausprägung aufweisen. In der Rechtsprechung ist daher anerkannt, dass Diagnoseirrtümer, die auf eine Fehlinterpretation der erhobenen Befunde zurückzuführen sind, nur mit Zurückhaltung als Behandlungsfehler gewertet werden können (BGH, Urteil vom 08.07.2003 –VI ZR 304/02).

Kommt es zu einem nicht vorwerfbaren Diagnoseirrtum, liegt ein Behandlungsfehler in der Regel nicht vor. Die Rechtsprechung hat zB in den folgenden Fällen einen nicht vorwerfbaren Diagnoseirrtum angenommen:

- Diagnose „Verstopfung" statt „Nierenarterienverschluss" vertretbar und nicht fehlerhaft, wenn Ultraschall und Röntgenbild der Niere ohne Auffälligkeiten waren
- Gelenkinfekt bei rückläufigen Entzündungswerten und guter Heilung der Operationswunde verkannt, kein vorwerfbarer Diagnoseirrtum
- Bandscheibenvorfall wird auf MRT-Aufnahmen vertretbar als Stufenbildung des Wirbelkörpers interpretiert
- Bauchspeicheldrüsenkrebs verkannt, weil keine bestimmten, für die Krankheit typischen Symptome vorlagen

Kommt es hingegen auf Grundlage der erhobenen Befunde zu einer nicht beziehungsweise nicht mehr vertretbaren Diagnose oder gar zu einer völlig unvertretbaren beziehungsweise gänzlich unverständlichen Befundinterpretation, so ist ein Behandlungsfehler beziehungsweise sogar ein grober Behandlungsfehler anzunehmen. Die Rechtsprechung hat zum Beispiel in den folgenden Fällen unvertretbare beziehungsweise völlig unvertretbare Diagnosestellungen angenommen:

- Herzinfarkt nicht diagnostiziert, obwohl Patient erhebliche Risikofaktoren, eindeutige Symptome und ein auffälliges EKG aufgewiesen hat
- Übersehen eines eindeutig auf dem Röntgenbild erkennbaren Bruchs
- Trotz deutlicher Anzeichen wird eine bakterielle Infektion verkannt

EIN DIAGNOSEIRRTUM IST IN DER REGEL KEIN BEHANDLUNGSFEHLER!
War die Diagnose rückblickend zwar falsch aber in der Behandlungssituation vertretbar, liegt in der Regel kein Behandlungsfehler vor.

2. Die unterlassene Befunderhebung, § 630h Abs. 5 Satz 2 BGB
Gelangt der behandelnde Arzt zu einer fehlerhaften Diagnose, da er den Patienten unzureichend beziehungsweise unvollständig untersucht hat, ist nicht von einem Diagnosefehler beziehungsweise -irrtum, sondern von einer unterlassenen Befunderhebung auszugehen. Dem Arzt ist dann nicht die fehlerhafte beziehungsweise irrtümliche Interpretation der erhobenen Befunde vorzuwerfen, sondern eine unzureichende und daher fehlerhafte Untersuchung beziehungsweise Diagnostik. Der Arzt hätte weitere Untersuchungen durchführen müssen, bevor er die – rückblickend – unzutreffende Diagnose stellt. Die Rechtsprechung hat in den nachfolgenden Fällen unterlassene Befunderhebungen angenommen:

- Radiologe erkennt auf CT einen verdächtigen Lungenrundherd. Er unterlässt es aber, eine sofortige feingewebliche Untersuchung zu veranlassen, um sicher abzuklären beziehungsweise auszuschließen, ob es sich um Krebs handelt
- Bei dem Verdacht auf eine Blinddarmentzündung wird eine Ultraschallschall- oder eine CT-Untersuchung unterlassen
- Unterlassene röntgenologische Untersuchung der Hand nach einem Sturz
- Unterlassene CT- oder MRT-Untersuchung bei Schlaganfallsymptomatik

Die Besonderheit bei der Annahme einer unterlassenen Befunderhebung ist, dass der Patient – wie bei Vorliegen eines groben Behandlungs- oder groben Diagnosefehlers – in den Genuss einer Beweislastumkehr hinsichtlich der Ursächlichkeit des Behandlungsfehlers für den eingetretenen Gesundheitsschaden kommt, wenn er zusätzlich beweisen kann, dass der hinzugedachte unterlassene Befund mit hinreichender Wahrscheinlichkeit (mehr als 50 %) ein reaktionspflichtiges Ergebnis gezeigt hätte und eine Nichtreaktion auf diesen hypothetischen Befund grob fehlerhaft gewesen wäre.

Ist aufgrund der aktenkundigen Erkenntnisse aus der weiteren Behandlung bekannt, dass der Patient tatsächlich einen Schlaganfall erlitten hat und lagen bereits frühzeitig wegweisende Symptome vor, die eine frühzeitigere Bildgebung des Schädels erforderlich gemacht hätten, ist durchaus denkbar, dass ein Sachverständiger zu der Wertung gelangen wird, dass eine hypothetisch frühzeitigere CT-Untersuchung einen entsprechenden Befund gezeigt hätte und eine hypothetische Nichtreaktion als grob behandlungsfehlerhaft gewertet werden müsste.

Dann käme der Patient in den Genuss der Beweislastumkehr und der Prozess könnte mit hoher Wahrscheinlichkeit gewonnen werden.

3. Therapiefehler
Erfolgt eine Behandlung nicht nach den Regeln der ärztlichen Kunst, wird von einem Therapiefehler gesprochen. Da es für die meisten Krankheiten mehrere Behandlungsmethoden gibt, hat der Arzt grundsätzlich ein Wahlrecht welche Therapie er anwendet. Dieses Beurteilungsermessen des Arztes wird „Therapiefreiheit" genannt. Der Arzt kann also entscheiden, welche Therapie ihm für den Patienten am besten geeignet erscheint, solange er eine Therapie anwendet, die dem Facharztstandard genügt.

Beispiel für die Therapiefreiheit bei Fersensporn:
Leidet der Patient zum Beispiel an einem Fersensporn kann der Arzt unter den verschiedensten Therapien wählen: Dehnübungen, Akupunktur, Physiotherapie, Einlegesohlen, Stoßwellentherapie oder operative Maßnahmen.

Es ist selbstverständlich, dass die Therapiefreiheit des Arztes nicht grenzenlos ist. Wie bereits bei der Definition des Behandlungsfehlers gezeigt, muss die vom Arzt gewählte Therapie den zum Zeitpunkt der Behandlung anerkannten Standards entsprechen. Im Zweifel, wenn es zum Streit über die gewählte Therapie kommt, entscheiden medizinische Sachverständige darüber, ob die gewählte Therapie dem Facharztstandard entspricht. Sie können sich hierbei meist auf Richtlinien der Bundesärztekammer oder auf Leitlinien, die von Facharztverbänden herausgegeben werden, stützen. Dabei sind die Richtlinien der Bundesärztekammer, zum Beispiel die Richtlinie zur Transplantationsmedizin, stets verbindlich. Demgegenüber stellen die Leitlinien nur Handlungsempfehlungen dar, von denen in begründeten Fällen abgewichen werden kann oder sogar muss.

Im Rahmen der Therapiefreiheit kann der Arzt zwischen verschiedenen Behandlungsmethoden frei wählen. Dies gilt aber nur dann, wenn die Methoden in Bezug auf Heilungsaussichten, Eingriffsbelastung und Schadensrisiken im Wesentlichen als gleichwertig anzusehen sind. In diesen Fällen kann der Arzt die Therapie wählen, die er am besten beherrscht.

Beispiel für echte Behandlungsalternative:
Besteht die echte Behandlungsalternative einer langwierigen konservative Behandlung im Gegensatz zu einem operativen Eingriff, muss der Arzt den Patienten entsprechend aufklären, ihm die Vor- und Nachteile von konservativer und operativer Behandlung erläutern und hierbei auf die jeweiligen Heilungsaussichten und vor allem Schadensrisiken hinweisen. Danach entscheidet dann der Patient über die Behandlungsmethode.

HOLEN SIE SICH EINE ZWEITE MEINUNG EIN UND FRAGEN SIE NACH, WIEVIEL ERFAHRUNG DAS KRANKENHAUS MIT DEM KONKRETEN EINGRIFF HAT!
Gerade bei größeren Eingriffen, wie zum Beispiel komplizierten Operationen, sollte der Patient sich daher vor Durchführung des Eingriffs eine zweite Meinung einholen und sich insbesondere auch darüber informieren, ob das Krankenhaus in diesem Fachbereich über ausreichend Erfahrung und eine spezielle Abteilung verfügt.

Im Rahmen der Therapiefreiheit muss der Arzt eine Behandlungsmethode wählen, die dem aktuellen Stand der Medizin entspricht. Dies bedeutet aber nicht, dass der Patient einen Anspruch darauf hat, stets nach den modernsten Therapieverfahren oder beispielsweise mit den neuesten Diagnosegeräten behandelt zu werden. Sofern es sich um bewährte Therapieverfahren oder Diagnosegeräte handelt, muss der Arzt noch nicht einmal darauf hinweisen, dass es modernere Verfahren oder Geräte gibt.

Therapiefehler sind von der Rechtsprechung etwa in folgenden Fällen anerkannt worden:

- Bei Verdacht auf eine akute Blinddarmentzündung darf die Operation nicht unnötig hinausgezögert werden, ansonsten liegt ein Therapiefehler vor.
- Ist das CTG bei einer Entbindung nicht nur kurzfristig pathologisch, liegt ein Therapiefehler vor, wenn nicht unverzüglich ein Kaiserschnitt (sectio) durchgeführt wird.
- Therapiefehlerhaft ist es, einen Patienten trotz nicht nachlassender Beschwerdesymptomatik und ohne eine Überprüfung der klinischen Auffälligkeiten und Laborwerte aus der stationären Behandlung zu entlassen.
- Wird beim Einsatz einer Hüftgelenksprothese ein zu großer Endo-Prothesenschaft gewählt, der zu einer Sprengung des Femurschafts führt, so liegt hierin ein Therapiefehler.
- Ebenso liegt ein Therapiefehler vor, wenn der Arzt bei einer Hüft-OP Spongiosaschrauben zu tief einbringt und nicht die Lage der Schrauben im Hüftkopf überprüft.

- Therapiefehlerhaft ist es, wenn der Zahnarzt nach einer Karies- oder Parodontalbehandlung die Brücke sogleich dauerhaft einsetzt.
- Einen Therapiefehler stellt es schließlich dar, wenn bei einer Überkronung der Zähne die geschliffene Zahnsubstanz nicht vollständig von der künstlichen Krone abgedeckt wird.

Exkurs:
Ein klassischer Therapiefehler ist das Auftreten von Druckgeschwüren (Dekubitus). Im Krankenhausalltag kommen Dekubiti, die bei bettlägerigen Patienten bei fehlerhafter Lagerung entstehen, leider recht häufig vor. Je nach Schweregrad und Größe des Druckgeschwüres werden die Dekubiti in Grad 1–4 eingeteilt. Ganz wichtig ist, dass insbesondere bei Risikopatienten, dies sind zum Beispiel Diabetiker oder Menschen mit hohem Blutdruck, eine Dekubitusprophylaxe durchgeführt wird. Über die Dekubitusprophylaxe, zu der beispielsweise sorgfältige Hautpflege, Mobilisation, Lagerungswechsel im Abstand von 2–3 Stunden, Einsatz von Weichlagerungsmatratzen und Kissen gehören, muss die Dokumentation genau Aufschluss geben. Fehlt es hieran, indiziert dies nach der Rechtsprechung einen Therapiefehler.

Eine Unterart des Therapiefehlers ist das sogenannte Übernahmeverschulden. Hierunter werden verschiedene Fälle erfasst, die mit der Frage in Zusammenhang stehen, ob der Arzt oder das Krankenhaus tatsächlich geeignet sind, den Patienten zu behandeln oder ob der Patient nicht vielmehr an einen Spezialisten weiter zu verweisen ist. Vor Beginn jeder Behandlung muss der Arzt prüfen, ob er die erforderlichen praktischen und theoretischen Kenntnisse hat und über die für die konkrete Behandlung notwendigen technisch-apparativen Ausstattungen verfügt. Erkennt der Arzt, dass der konkrete Fall über seine Fachgrenzen und Fähigkeiten hinausgeht, muss er den Patienten an einen Spezialisten oder ein spezialisiertes Krankenhaus verweisen.

4. Organisationsfehler
Krankenhäuser aber auch Arztpraxen müssen gewährleisten, dass sie mit dem vorhandenen ärztlichen und nichtärztlichen Personal und funktionstüchtigen medizinischen Geräten ihre Aufgabe nach dem Stand der medizinischen Erkenntnisse erfüllen. Sie schulden somit eine funktionierende Organisation. Hierzu gehört, dass ausreichend qualifizierte Ärzte, aber auch fachlich einwandfrei geschultes Hilfspersonal vorhanden ist. Die medizinischen Geräte müssen dem aktuellen Stand der Technik entsprechen und vor allem funktionstüchtig sein. Zur Organisation von Arztpraxis und Krankenhaus gehört ferner, dass die jeweiligen Abläufe

aufeinander abgestimmt sind, also zum Beispiel die Abstimmung zwischen Arzt und Krankenschwester.

Zu den am häufigsten auftretenden Organisationsfehlern zählen mittlerweile die Krankenhaus-Keime und die hieraus resultierenden Infektionen. Man spricht hier von sogenannten „Nosokomialen Infektionen“, worunter verstanden wird, dass sich Patienten im Krankenhaus mit Bakterien oder Viren infizieren. Besonders problematisch sind hier die MRSA-Keime, da sie multiresistent sind und viele Antibiotika nicht mehr gegen sie wirken. Gerade bei älteren oder geschwächten Patienten führen Keiminfektionen nicht selten zu Todesfällen. Nach einer Hochrechnung des Robert-Koch-Institutes und des Europäischen Zentrums für die Prävention und Kontrolle von Krankheiten wird geschätzt, dass jährlich 400.000–600.000 Menschen in Deutschland an nosokomialen Infektionen erkranken. Ferner wird davon ausgegangen, dass es in diesem Bereich zu 10.000–15.000 Todesfällen pro Jahr in Deutschland kommt.

Nach der bisherigen Rechtsprechung war es für Patienten schwierig, den Nachweis zu führen, dass sich die Keiminfektion im Krankenhaus oder in der Arztpraxis ereignet hat. Der Patient muss grundsätzlich den Behandlungsfehler und die Ursächlichkeit des Behandlungsfehlers für den Schadenseintritt darlegen und notfalls auch beweisen, soweit die Gegenseite dies – was regelmäßig erfolgt – bestreitet. Für Keiminfektionen oder Hygieneverstöße bedeutete dies, dass der Patient die Keiminfektion im Krankenhaus oder in der Arztpraxis beweisen musste.

Nach der bisherigen Rechtsprechung kam dem Patienten lediglich eine Beweislastumkehr zugute, die unter dem Stichwort „hygienisch beherrschbarer Bereich“ diskutiert wurde. Erfasst wurden hiervon Fälle, in denen zum Beispiel eine infizierte Arzthelferin bei der Operation mitwirkte oder ein Tubus verwandt wurde, der nachweisbar infiziert war. In diesen Fällen musste der Patient beweisen, dass die Arzthelferin beziehungsweise der Tubus infiziert war. Der „hygienisch beherrschbare Bereich“ wurde somit dann angenommen, wenn sich das Risiko, dass sich beim Patienten verwirklicht, aus einem Bereich stammte, dessen Gefahren ärztlicherseits objektiv voll ausgeschlossen werden können und müssen. Letztendlich war mit dieser Beweislastumkehr dem Patienten aber alles andere als geholfen: Wer kann schon beweisen, dass eine Arzthelferin oder ein bei der OP verwandter Tubus infiziert war?

Diese Schwierigkeit hat im Jahr 2016 auch die Rechtsprechung gesehen und entsprechend reagiert. Seitdem gilt der Grundsatz, dass der Patient bei einer Keiminfektion im Krankenhaus oder in der Arztpraxis nur konkrete Anhaltspunkte für einen Hygieneverstoß vortragen und beweisen muss. Gelingt ihm dies, muss das Krankenhaus beziehungsweise der Arzt beweisen, dass sie alle erforderlichen organisatorischen und technischen Vorkehrungen ergriffen haben, um das Risiko beziehungsweise dessen Realisierung zu vermeiden.

Gemäß § 630h Abs. 1 BGB wird ein Fehler des Behandelnden vermutet, wenn sich ein allgemeines Behandlungsrisiko verwirklicht hat, das für den Behandelnden voll beherrschbar war und zur Verletzung des Körpers des Patienten geführt hat (voll-beherrschbares Risiko). Die Behandlungsseite muss dann darlegen und beweisen, dass sie alle erforderlichen organisatorischen und technischen Vorkehrungen ergriffen hat, um die Realisierung des Risikos zu vermeiden. Die Behandlungsseite hat dann die Vermutung der objektiven Pflichtwidrigkeit sowie des Verschuldens zu widerlegen. Diese Beweislastumkehr betrifft ausdrücklich nicht die Ursächlichkeit zwischen dem Fehler und dem Schaden des Patienten (vergleiche BGH, Urteil vom 28.8.2018 – VI ZR 509/17).

Kann nicht ausgeschlossen werden, dass der Patient selbst Träger des Keims war oder der Keim durch einen Besucher übertragen wurde, verbleibt es bei der Beweislast des Patienten für den Hygienefehler und das Verschulden.

Den Krankenhausträger beziehungsweise den Arzt trifft jedoch dann eine sekundäre Darlegungs- und Beweislast, wenn der Patient konkrete Anhaltspunkte für einen Hygieneverstoß vorgetragen hat. Dies ist etwa dann der Fall, wenn der Patient darauf hinweist, er sei frisch operiert neben einem Mitpatienten gelegt worden, der unter einer offenen, infizierten Wunde gelitten und sein offenes Knie allen Anwesenden gezeigt habe. Die Behandlerseite muss dann vortragen, welche Maßnahmen sie getroffen hat, um eine sachgerechte Organisation und Koordinierung der Behandlungsabläufe und die Einhaltung der Hygienebestimmungen sicherzustellen (interne Qualitätssicherungsmaßnahmen, Hygienepläne, Arbeitsanweisung und so weiter).

Erst wenn der Behandlungsseite dieser Beweis nicht gelingt und ein grober Behandlungs- beziehungsweise grober Hygienefehler angenommen werden kann, kommt es zu einer Beweislastumkehr im Hinblick auf die Ursächlichkeit des Hygienefehlers für den Eintritt des Gesundheitsschadens beziehungsweise der Infektion.

Der Fall:

BGH vom 16.8.2016, Aktenzeichen: -VI ZR 634/15-: Der Kläger befand sich im beklagten Krankenhaus zur operativen Versorgung seiner Beschwerden im rechten Ellenbogen, sogenannter Tennisarm. Im Anschluss an die Operation wurde der Kläger mit einem Patienten im Zimmer untergebracht, der unter einer offenen, eiternden und mit Keimen infizierten Wunde litt. Zwei Tage später wurde der Kläger zunächst bei reizlosen Wohnverhältnissen in die hausärztliche Nachsorge entlassen. Aufgrund starker Schmerzen im Bereich des angeschwollenen rechten Ellenbogengelenks und sichtbarer Eiterbildung musste nach zwölf Tagen eine Revisions-OP durchgeführt werden. Aus der alten Wunde entleerte sich Eiter, ein Abstrich wurde genommen sowie anschließend die Wunde sowie deren Infektion versorgt. Eine Untersuchung des entnommenen Abstrichs ergab eine Wundinfektion mit MRSA, der multisensibel auf Antibiotika reagierte. Der Kläger musste anschließend noch ein drittes und viertes Mal am betroffenen Ellenbogen operiert werden. Er leidet nach wie vor unter Bewegungs- und Funktionseinschränkungen sowie unter Ruhe- und Belastungsschmerz am Ellenbogen. Der BGH formulierte hier folgende Grundsätze: Zwar muss grundsätzlich der Patient alle Tatsachen behaupten, aus denen sich sein Anspruch herleitet. Dieser Grundsatz bedarf einer Einschränkung, wenn die primär darlegungsbelastete Partei, hier: der Patient, außerhalb des von ihm vorzutragenden Geschehensablaufs steht und ihm eine nähere Substantiierung nicht möglich oder nicht zumutbar ist, während der Prozessgegner alle wesentlichen Tatsachen kennt oder unschwer in Erfahrung bringen kann und es ihm zumutbar ist, nähere Angaben zu machen. Diese Voraussetzungen sah der BGH als gegeben an, da der Patient konkrete Anhaltspunkte für einen Hygieneverstoß vorgetragen habe. Er habe insbesondere darauf hingewiesen, dass er als frisch operierter Patient neben einen Patienten gelegt worden sei, der unter einer offenen, mit einem Keim infizierten Wunde im Kniebereich gelitten habe. Dieser Vortrag, so der BGH, genüge um eine erweiterte Darlegungslast des Krankenhauses auszulösen.

FAZIT:

Bei stationären Krankenhausaufenthalten aber auch bei ambulanten Operationen sollte man stets auf die Einhaltung üblicher Hygienestandards achten. Wichtig ist, dass sich Arzt und Arzthelferin die Hände desinfizieren, gegebenenfalls Schutzkleidung tragen und es zu einer ordentlichen Reinigung des Krankenhauszimmers kommt. Das Robert-Koch-Institut hat diverse Richtlinien zur Einhaltung von Hygienestandards in den verschiedensten Situationen erlassen.

INFEKTIONSPRÄVENTION DES ROBERT-KOCH-INSTITUTS (SOGENANNTE „KRINKO") BEISPIELSWEISE:

- Prävention postoperativer Infektionen im Operationsgebiet,
- Anforderungen der Hygiene bei Operationen und anderen invasiven Eingriffen,
- Anforderungen der Hygiene beim ambulanten Operieren im Krankenhaus und Praxis.

Die vorgenannten Abhandlungen, die von der Homepage des Robert-Koch-Instituts heruntergeladen werden können, beinhalten konkrete Angaben zu Hygienevoraussetzungen innerhalb der jeweiligen Eingriffe.

Ein weiterer Organisationsfehler stellt die Verletzung der Verkehrssicherungspflichten dar. Das Krankenhaus oder die Arztpraxis haben Vorsorge zu treffen, dass der Patienten nicht durch andere Personen im Krankenhaus oder in der Arztpraxis zu Schaden kommt. Das Krankenhaus muss zum Beispiel sicherstellen, dass unbefugte Personen die Säuglingsstation nicht betreten können, um die Säuglinge zu entwenden oder überhaupt an diese heranzukommen. Recht häufig sind auch sogenannte Lagerungsschäden: Bei durchgeführten Bewegungs- und Transportmaßnahmen darf es nicht zu Stürzen des Patienten kommen. Das Krankenhaus oder die Arztpraxis schuldet dem Patienten bereits aufgrund des Behandlungsvertrages eine sachgerechte pflegerische Betreuung. Die Lagerung des Patienten auf einer Krankenhausliege kann für das Krankenhaus einen „voll beherrschbaren Bereich" darstellen. Kommt es in diesem Bereich zu Verletzungen des Patienten, muss das Krankenhaus darlegen und beweisen, dass alle erforderlichen Maßnahmen zur Vermeidung des Risikos ergriffen wurden. Gelingt dem Krankenhaus oder der Arztpraxis dieser Entlastungsbeweis nicht, so können dem Patienten Schadensersatzansprüche zustehen.

Beispiel für einen Sturz in der Dusche:
Es kommt vor, dass Patienten beim Duschen im Krankenhaus vom Duschstuhl abgleiten und sich hierbei gravierende Verletzungen zuziehen. Ist der Patient noch nicht vollständig mobilisiert, müssen die Pflegekräfte beim Duschvorgang behilflich sein und deutlich und eindringlich auf die bestehende Kippgefahr des Duschstuhls hinweisen. Der Patient muss aus diesem Grund darüber aufgeklärt werden, sich absolut ruhig zu verhalten und nicht nach einem Handtuch zu greifen. Kommt das Pflegepersonal diesen Verpflichtungen nicht nach und kommt es sodann zu einem Sturz, so liegt eine Verletzung der Verkehrssicherungspflicht des Krankenhauses vor, die zu einer Haftung führen kann.

Ein weiterer Fall eines Organisationsfehlers ist die unterbliebene beziehungsweise unzureichende Befundübermittlung. In der Rechtsprechung ist anerkannt, dass der behandelnde Arzt sicherzustellen hat, dass der Patient von bedrohlichen Befunden – und einer gegebenenfalls angeratenen Behandlung – Kenntnis erhält. Dies gilt auch dann, wenn diese Befunde erst nach dem Ende des Behandlungsvertrages bei dem Arzt eingehen. Unterbleibt eine Information des Patienten über einen bedrohlichen Befund, der Anlass zu umgehenden und umfassenden ärztlichen Maßnahmen gibt, handelt es sich um einen groben Behandlungsfehler (vergleiche BGH, Urteil vom 26.06.2018 – VI ZR 285/17).

Beispiel für den nicht weitergeleiteten Befund:
In den entschiedenen Fall hatte die Hausärztin des Patienten eine Krankenhauseinweisung wegen Schmerzen im Bein und Fuß ausgestellt. Im Verlauf hatte sich der Patient dann in einem Krankenhaus vorgestellt. Die dortige Untersuchung hatte den Befund eines bedrohlichen bösartigen Nervenscheidentumors ergeben. Dieser Befund war der beklagten Hausärztin schriftlich mit der Bitte übermittelt worden, den Patienten in einem onkologischen Spezialzentrum vorzustellen. Eine Weiterleitung dieses Schreibens oder eine sonstige Information des Patienten durch die Hausärztin erfolgte jedoch nicht.

5. Koordinationsfehler, Arbeitsteilung

Eng mit den Organisationsfehlern sind die Koordinationsfehler verbunden, worunter die Haftung infolge von Arbeitsteilung verstanden wird. Bei der medizinischen Behandlung greifen einzelne Arbeitsschritte ineinander, sodass es mitunter schwierig ist, eine haftungsrechtliche Zuordnung vorzunehmen. Die Rechtsprechung unterscheidet zwischen horizontaler und vertikaler Arbeitsteilung. Unter horizontaler Arbeitsteilung wird die weisungsfreie kollegiale Zusammenarbeit von Ärzten verschiedener Fachgebiete verstanden. So wirken zum Beispiel bei einer Operation der Chirurg, der Anästhesist und eventuell der Radiologe zusammen. Demgegenüber bezeichnet die vertikale Arbeitsteilung die fachliche Über- / Unterordnung, also zum Beispiel das Verhältnis von Chefarzt, Oberarzt, Assistenzarzt, Krankenschwester.

Zur horizontalen Arbeitsteilung gehört es, dass ein niedergelassener Arzt den Patienten, dessen Behandlung in das Gebiet eines anderen Facharztes fällt oder dessen Behandlung von ihm aufgrund unzureichender Ausstattung oder fachlicher Spezialisierung nicht übernommen werden kann, an einen anderen Facharzt oder in ein Krankenhaus überweist. Auch der in einem Krankenhaus tätige Arzt hat bei sich andeutender Überschreitung der Grenzen seines Fachwissens einen Konsiliararzt, also einen Arzt einer anderen Fachabteilung, beziehungsweise einen niedergelassenen Facharzt hinzuzuziehen oder die Überweisung des Patienten in die entsprechende Fachabteilung des Krankenhauses beziehungsweise in eine Spezialklinik zu veranlassen. In der horizontalen Arbeitsteilung gilt der Vertrauensgrundsatz. Das bedeutet, jeder Arzt muss den Gefahren begegnen, die in seinem Aufgabenbereich bestehen. Der später tätige Facharzt kann sich folglich grundsätzlich auf die fehlerfreie Vorarbeit des Allgemeinmediziners verlassen.

Gegenseitige Überwachungspflicht besteht bei offensichtlichen Fehlleistungen des Vorbehandlers!
Es besteht grundsätzlich keine gegenseitige Überwachungspflicht. Etwas anderes gilt nur dann, wenn offensichtliche Fehldiagnosen oder Fehlbehandlungen vorliegen. In diesem Fall muss auch der nachbehandelnde Arzt unverzüglich tätig werden, um sich nicht einer Mithaftung auszusetzen. Eine weitere Ausnahme gilt, wenn zwei Ärzte des gleichen Fachgebietes nacheinander den Patienten behandeln. In diesem Fall ist der Nachbehandler gehalten, sich der Richtigkeit der Diagnose des Vorbehandlers zu vergewissern.

Besonders praxisrelevant ist die Abgrenzung der Haftung im Rahmen einer Operation. In Rede stehen hier insbesondere die Verantwortungsbereiche des Operateurs und die des Anästhesisten.

WOFÜR HAFTET DER OPERATEUR:

- Allgemeine Operationsfähigkeit des Patienten,
- Überprüfung der Lagerung bei Beginn und während der Operation,
- Allgemeine Wundinfektionsprophylaxe,
- postoperative Nachsorge und therapeutische Nachbehandlung nach dem Abklingen der Narkosewirkungen,
- Nachsorge nach erfolgter Übergabe des Patienten auf die Krankenstation.

WOFÜR HAFTET DER ANÄSTHESIST:

- Vorbereitung und Durchführung der Narkose einschließlich der entsprechenden Aufklärung,
- Entscheidung über das Anlegen einer Kanüle, deren Durchführung und Kontrolle,
- Beurteilung der Narkosefähigkeit des Patienten,
- richtige Dosierung von nach Narkotika, Sedativa, etc,
- Erkennung und Reaktion auf spezifische Anästhesiekomplikationen,

- Lagerung zur Verabreichung des Hypnotikums, Anästhetika etc und die intraoperative Kontrolle der Lagerung des Patienten,
- Erhebung der zur Aufrechterhaltung der vitalen Funktionen und Narkosefähigkeit erforderlichen Befunde,
- Überwachung des Patienten während der OP,
- Kontrolle des Blutdrucks und Behebung eines Volumenmangels während und in der ersten Zeit nach der OP,
- vorbeugende Kontrolle eingesetzter Infusionsschläuche und Verweilkanüle,
- Durchführung der Narkose, weitere kontinuierliche Beatmung und Überwachung des Patienten nach der OP,
- postoperative Kontrolle der Kreislauf- und Atmungsstabilität,
- Kontrolle in der operativen und postnarkotischen Phase bis zur Wiedererlangung der Schutzreflexe, wie zum Beispiel Spontanatmung, Normalisierung von EKG und Blutdruck.

Bei der vertikalen Arbeitsteilung geht es um die Frage welche Aufgaben jeweils auf die nächstniedrigere Hierarchiestufe verlagert werden dürfen. Also welche Tätigkeiten darf der Arzt beispielsweise der Krankenschwester übertragen und inwieweit bedarf es einer Kontrolle? Für die Delegierbarkeit ärztlicher Leistungen hat die Rechtsprechung drei Kriterien entwickelt:

- Es darf kein besonderes ärztliches Fachwissen oder eine besondere ärztliche Erfahrung erforderlich sein. Kernaufgaben ärztlicher Tätigkeiten dürfen nicht übertragen werden.
- Das Maß der Gefährdung des Patienten ist zu berücksichtigen. Die übertragene Aufgabe darf sich nicht als schwierig darstellen. Die Möglichkeit einer Gefährdung des Patienten muss relativ fern liegen.
- Schließlich muss die ausführende Person die notwendigen Fertigkeiten und Kenntnisse zur Bewältigung der übertragenen Aufgabe haben und sich fachlich zur Ausübung dieser Tätigkeit qualifiziert haben.

Beispiel für nicht delegierbare Leistungen:
Nicht auf das nichtärztliche Personal dürfen übertragen werden: Sämtliche operativen Eingriffe, neben der Diagnosestellung und Befundung auch Einspritzungen in Katheter, Ports bei zentraler Lage in herznahe Venen, in das Ventrikelsystem, das arterielle System, den Periduralraum, sowie das Peritoneum. Das Anlegen von Bluttransfusionen und das Wechseln von Blutkonserven. Ärztliche Untersuchungen, Diagnostik, ärztliche Beratung des Patienten einschließlich der Aufklärung. Intravenöse Injektionen eines Röntgenkontrastmittels.

Folgende Leistungen dürfen auf das nichtärztliches Personal übertragen werden: Subkutane, intravenöse sowie intramuskuläre Injektionen, wenn die Krankenschwester oder Krankenpfleger mit den hierfür erforderlichen Kenntnissen und Erfahrungen ausgestattet sind. Intraarterielle und intraartikuläre Injektionen sind umstritten.

Bei der vertikalen Arbeitsteilung geht es aber nicht nur um das Verhältnis zwischen Arzt und nichtärztlichem Personal, sondern auch um das Verhältnis zwischen Ober- oder Chefarzt und Assistenzarzt. Grundsätzlich ist die Übertragung einer selbstständig durchzuführenden Operation auf einen Assistenzarzt unzulässig. Gleiches gilt für die eigenverantwortliche Übertragung einer Geburt auf einen nicht ausreichend qualifizierten Assistenzarzt. Eine Haftung des Assistenzarztes kommt in diesen Fällen aber nur dann in Betracht, wenn er aufgrund seines Ausbildungsstandes hätte Bedenken haben müssen und eine Gefährdung des Patienten hätte voraussehen müssen. Unabhängig hiervon haftet aber der übergeordnete Arzt, der die Übertragung der Operation auf den Assistenzarzt angeordnet hat.

Hinweise für den Arzt: Dokumentieren Sie, wenn Sie anderer Meinung sind als Ihr Vorgesetzter!
Vornehmlich in Krankenhäusern kommt es vor, dass ein hierarchisch nachgeordneter Arzt (zum Beispiel Assistenzarzt) eine Symptom- oder Befundlage anders einschätzt als der vorgesetzte Arzt (zum Beispiel Chefarzt) und unterschiedliche Ansichten über die zu ergreifenden Maßnahmen bestehen. Da der Chefarzt „das letzte Wort" haben wird, empfiehlt es sich, die eigene abweichende Meinung zu dokumentieren, um sich persönlich in einem späteren Haftungsfall freizeichnen zu können.

VI. Wie verhalte ich mich nach einem Behandlungsfehler?

Behandlungsfehler können dramatische Folgen für den Patienten haben. In Extremfällen können Behandlungsfehler zu einer jahrelangen Belastung durch körperliche oder seelische Schmerzen führen. Häufig ist der Patient in einer beklagenswerten Situation: Der erwünschte Heilungserfolg ist ausgeblieben, stattdessen sind neue Beschwerden hinzugetreten und dem Patienten geht es schlechter als zuvor. Viele Patienten fühlen sich in dieser Situation alleingelassen und ohnmächtig. Häufig haben sie nicht mehr die Kraft, sich gegen den Behandlungsfehler und die daraus resultierenden Folgen zu wehren. Wichtig ist daher, dass Patienten sich nicht mit ihrem Schicksal zufriedengeben und offen mit der gesundheitlichen Beeinträchtigung umgehen. Tatsächlich stehen ihnen vielfältige Möglichkeiten offen. Es handelt sich hierbei um sehr unterschiedliche Angebote. Teilweise sind sie entgeltlich, manche aber auch unentgeltlich. Welches Angebot der Patient in Anspruch nimmt, hängt von seinen Wünschen und Vorstellungen ab. Manchen Patienten ist bereits mit Gesprächen, insbesondere in einer Selbsthilfegruppe geholfen. Andere Patienten brauchen weitergehende Beratung und Unterstützung.

1. Das Gespräch mit dem Arzt

TIPPS FÜR DAS ARZTGESPRÄCH: Wichtig ist, sich bereits im Vorfeld zu überlegen, welche Fragen man an den Arzt richten will. Nehmen Sie ruhig eine Vertrauensperson zu dem Gespräch mit. Vier Ohren hören mehr als zwei. Machen Sie sich Notizen während des Gesprächs, damit nichts in Vergessenheit gerät. Stellen Sie Rückfragen, wenn etwas unklar ist.

Hat der Patient den Verdacht, Opfer eines Behandlungsfehlers geworden zu sein, sollte stets das Gespräch mit dem Arzt an erster Stelle stehen. Häufig klären sich in solchen Gesprächen die Probleme des Patienten, wenn der Arzt eine plausible Erklärung für den Verlauf der Behandlung geben kann. Ansonsten erlangt der Patient in diesem Gespräch vielfach wertvolle Informationen, die ihm für sein späteres Vorgehen hilfreich sein können. In dem Gespräch sollte der Patient den Arzt ganz offen danach fragen, warum der Arzt die konkrete Diagnose gestellt hat oder warum die gewählte Therapie nicht geholfen hat. Auf die konkreten Beschwerden muss der Patient den Arzt hinweisen. Der Patient darf sich auch nicht damit zufriedengeben, wenn der Arzt die an ihn gerichteten Fragen unter Verwendung lateinischer Fachausdrücke in unverständlicher Form beantwortet. Der Patient muss hier nachfragen und insistieren, bis er eine für ihn überzeugende Antwort erhalten hat.

Endet das Gespräch mit dem Arzt aus Sicht des Patienten unbefriedigend, so muss über weitere Schritte nachgedacht werden. Wichtig ist jetzt, dass sich der Patient darüber klar wird, was für ihn in seiner konkreten Situation von Bedeutung ist. Viele Patienten sind nach einem Behandlungsfehler darauf angewiesen, dass eine Korrekturbehandlung durchgeführt wird, um das Ergebnis der Erstbehandlung möglichst schnell zu korrigieren. In dieser Situation macht es wenig Sinn einen Rechtsanwalt/Fachanwalt für Medizinrecht oder eine sonstige Beratungsstelle zu kontaktieren. In dieser Situation muss der Patient vielmehr bemüht sein, sich schnellstmöglich eine weitere ärztliche Meinung über den Fortgang der Behandlung einzuholen. Geboten ist hier auch der unmittelbare Kontakt zur gesetzlichen Krankenkasse oder privaten Krankenversicherung, um den weiteren Verlauf der Behandlung abzuklären oder Empfehlungen für Spezialkliniken, besondere Behandlungsverfahren etc. zu erhalten. Ist hingegen das Behandlungsergebnis irreparabel und kommen Korrekturbehandlungen nicht mehr in

Betracht, so kann sich der Patient hinsichtlich der Durchsetzung seiner Ansprüche beraten lassen.

Hinweis für den Arzt: Informieren Sie unverzüglich Ihre Haftpflichtversicherung, wenn Ihnen ein Behandlungsfehlervorwurf gemacht wird!
Trägt ein Patient einen Behandlungsfehlerverdacht oder einen entsprechenden Vorwurf an Sie heran, sollten Sie unverzüglich Ihre Haftpflichtversicherung oder die Rechtsabteilung beziehungsweise Geschäftsführung des Krankenhauses informieren. Diese Meldepflicht ist integraler Bestandteil Ihrer versicherungsvertraglichen Obliegenheiten. Kommen Sie Ihren versicherungsvertraglichen Obliegenheiten nicht nach, gefährden Sie Ihren Versicherungsschutz und laufen Gefahr, für einen etwaigen Schaden mit Ihrem Privatvermögen zu haften.
Unter keinen Umständen sollten Sie ohne vorherige Rücksprache mit der Haftpflichtversicherung Behandlungsfehler einräumen oder gar eine Haftung anerkennen. Entsprechende Erklärungen obliegen allein der Haftpflichtversicherung. Es ist ureigene Aufgabe der Haftpflichtversicherung, die weitere Auseinandersetzung mit dem Patienten beziehungsweise die Regulierung des Schadens vorzunehmen.

2. Die Krankenkasse
Wichtiger Ansprechpartner bei Verdacht auf einen Behandlungsfehler ist die Krankenkasse. Viele Krankenkassen werben bereits auf ihren Internetseiten damit, bei der Einholung einer Zweitmeinung behilflich zu sein. Mitunter werden auch wohnortnahe Fachärzte vermittelt. Die Krankenkasse sollte daher auf jeden Fall kontaktiert werden, wenn es um eine dringende Nachfolgebehandlung geht, der Patient also auf weitere medizinische Hilfe angewiesen ist. Aber auch in den anderen Fällen, in denen es weniger um eine weitere Behandlung geht, als vielmehr um die Kompensation des Behandlungsfehlers, macht es durchaus Sinn, Kontakt mit der Krankenkasse aufzunehmen. Dies ausfolgendem Grund:

WAS MACHT DER MEDIZINISCHE DIENST DER KRANKENVERSICHERUNG (MDK)?
Die gesetzlichen Krankenkassen unterhalten einen medizinischen Dienst (Medizinischer Dienst der Krankenversicherung – MDK). Im medizinischen Dienst der Krankenversicherung sind Ärzte der verschiedenen Fachrichtungen tätig. Ihre Aufgabe besteht darin, Behandlungsabläufe und auch Behandlungsfehler für die Krankenkasse zu überprüfen. Tritt der Patient an seine gesetzliche Krankenkasse heran und trägt den aus seiner Sicht bestehenden Behandlungsfehler vor, so wird die Krankenkasse in aller Regel ihren Medizinischen Dienst beauftragen, dem Vorwurf des beschriebenen Behandlungsfehlers nachzugehen. Die Ärzte

des MDK erstatten sodann ein Gutachten, das dem Patienten kostenlos überlassen wird.

TAKTISCHE ÜBERLEGUNGEN:
Die Krankenkasse hat ein Eigeninteresse an der Feststellung eines Behandlungsfehlers, da sie sich dann die bereits gezahlten Behandlungskosten bzw. die Kosten von Folgebehandlungen von dem betroffenen Arzt oder dem Krankenhaus erstatten lassen kann. Durch das MDK-Gutachten erfährt der Patient, ob tatsächlich Behandlungsfehler vorliegen oder ob die Behandlung beanstandungsfrei durchgeführt wurde. Das Gutachten ist somit für den Patienten informativ und möglicherweise auch für sein weiteres Vorgehen sehr hilfreich. Theoretisch könnte sich der Patient nun mit dem Gutachten erneut an den Arzt wenden und ihn mit dem vom MDK festgestellten Behandlungsfehler konfrontieren. In der Praxis ist ein solches Vorgehen allerdings wenig erfolgversprechend: Der Arzt wird in aller Regel keinen Behandlungsfehler gegenüber dem Patienten einräumen, da er in dieser Situation riskiert, seinen Versicherungsschutz zu verlieren. Der Arzt wird somit bestenfalls das MDK-Gutachten des Patienten an seine Haftpflichtversicherung weiterleiten und dort mitteilen, dass Ansprüche aus Arzthaftung gegenüber ihm erhoben werden. Gegenüber der Haftpflichtversicherung hat der Patient ohne anwaltliche Hilfe einen schweren Stand, da er nicht weiß, welche Ansprüche er überhaupt geltend machen kann. Begibt der Patient sich nun in eine Diskussion mit der Haftpflichtversicherung, läuft er Gefahr, weit unter Wert abgefunden zu werden.

WAS IST, WENN DAS MDK GUTACHTEN ZUM NACHTEIL DES PATIENTEN AUSFÄLLT?
Fällt das MDK-Gutachten zum Nachteil des Patienten aus, indem es das Vorliegen eines Behandlungsfehlers verneint, so sollte der Patient sich hiermit nicht unbedingt zufriedengeben. Zum einen passiert es immer wieder, dass medizinische Gutachter zu ganz entgegengesetzten Ergebnissen gelangen. Auch in Gerichtsprozessen passiert es immer wieder, dass ein Gutachter von einem groben Behandlungsfehler ausgeht, während ein Zweitgutachter einen völlig normalen Behandlungsablauf annimmt, oder umgekehrt. Ferner muss bei den MDK-Gutachten berücksichtigt werden, dass sie von Ärzten angefertigt werden. Der MDK-Gutachter ist somit kein Jurist und befasst sich daher auch nicht mit den juristischen Gegebenheiten der Behandlung. Trotz eines negativen MDK-Gutachtens ist es daher durchaus möglich, dass gravierende Aufklärungsversäumnisse vorliegen oder Fälle der eingangs bereits beschriebenen Beweislastumkehr eingreifen, sodass Ansprüche des Patienten sehr wohl in Betracht kommen können.

Nutzen Sie die Unterstützung durch den MDK!
Es ist empfehlenswert, sich bei konkretem Verdacht auf einen Behandlungsfehler mit der gesetzlichen Krankenkasse in Verbindung zu setzen und dort nach einem MDK-Gutachten zu fragen. Liegt das Gutachten vor, so sollte das Ergebnis unbedingt mit einem auf das Medizinrecht spezialisierten Rechtsanwalt besprochen werden. Ist das Gutachten positiv ausgefallen, kann der entsprechend spezialisierte Rechtsanwalt dem Patienten mitteilen, in welcher Höhe Schmerzensgeld- und/oder Schadensersatzansprüche in Betracht kommen. Ist das Gutachten für den Patienten hingegen negativ ausgefallen, so kann ein spezialisierter Rechtsanwalt schnell feststellen, ob gleichwohl Ansprüche in Betracht kommen könnten, oder ob es Sinn macht, eventuell noch ein weiteres Gutachten anzufordern.

Die Einholung eines MDK-Gutachtens kann bis zu zehn Monate dauern, da der MDK zahlreiche Anfragen zu bearbeiten hat. Ist der Patient nicht gesetzlich krankenversichert, sondern Mitglied einer privaten Krankenversicherung, so wird ihm der Service eines MDK-Gutachtens nicht zuteil, da die privaten Krankenversicherungen entsprechende Einrichtungen nicht unterhalten.

3. Unabhängige Patientenberatung Deutschland, UPD

Die UPD dient der Verbraucher- und Patientenberatung. Finanziert wird die UPD durch den GKV-Spitzenverband. Die UPD ist eine gemeinnützige Einrichtung und handelt im gesetzlichen Auftrag (§ 65b SGB V). Auftrag der UPD ist, Verbraucherinnen und Verbraucher sowie Patientinnen und Patienten in gesundheitlichen und gesundheitsrechtlichen Fragen qualitätsgesichert und kostenfrei zu informieren und zu beraten. Weiteres Ziel ist es, die Patientenorientierung im Gesundheitswesen zu stärken und Problemlagen aufzuzeigen. Zum Beratungsteam gehören Juristen, Sozialversicherungsfachangestellte, ärztliche, zahnärztliche und pharmazeutische Berater sowie Berater und Fachkräfte aus der Pflege und andere Gesundheitsfachleute sowie Psychologen. Entsprechend ihrem Auftrag berät die UPD nicht nur bei Behandlungsfehlern, sondern auch bereits im Vorfeld zum Beispiel über Krankengeld, ärztliche Befunde (Befunderläuterungen), Richtigkeit von Krankenhausrechnungen, Wechselwirkung von Medikamenten, Arzneimittelsicherheit oder zahnmedizinische Behandlungen. Auf der Homepage der UPD (www.patientenberatung.de) steht ein Formular zur Onlineberatung zur Verfügung. Des Weiteren verfügt die UPD über rund 30 Beratungsstellen zur Vor-Ort-Beratung bundesweit. Telefonisch ist die UPD gebührenfrei unter der Telefonnummer 0800 0 11 77 22 oder unter Telefax Nr. 0 800 33 22 12 24 erreichbar. Die Beratung erfolgt nicht nur in deutscher, sondern auch in türkischer, russischer und arabischer Sprache.

Zusammenfassend kann festgehalten werden, dass die UPD sicherlich ein geeigneter Ansprechpartner in vielen medizinischen Fragen ist. Bei Behandlungsfehlern und der Frage nach einer konkreten Vorgehensweise ist die UPD aber nur ein erster Ansprechpartner. Sie nimmt keine juristische Prüfung im konkreten Fall vor und darf den Patienten auch nicht gegenüber einem Arzt oder Krankenhaus vertreten.

4. Verbraucherzentralen

Der Verbraucherzentrale Bundesverband (vzbv) streitet für starke Verbraucherrechte, faire Märkte und unbedenkliche Produkte und Dienstleistungen. In diesem Sinne setzen sich die einzelnen Verbraucherzentralen auch für sichere und gesundheitlich unbedenkliche Produkte und Dienstleistungen ein. Sie bieten vornehmlich Beratung im Bereich „Gesundheit und Patientenschutz“, somit auch bei Behandlungsfehlern an. Im Gegensatz zur UPD erfolgt die Beratung in aller Regel aber entgeltlich. Die Entgelte variieren von Verbraucherzentrale zu Verbraucherzentrale.

Auch die Verbraucherzentralen beraten nicht nur über Behandlungsfehler, sondern auch über Abrechnungen von Krankenhäusern und Ärzten, den Wechsel von einer Krankenkasse zu einer anderen Krankenkasse oder bei Abschluss einer Zusatzversicherung.

Auch hier kann festgehalten werden, dass die Beratungen durch eine Verbraucherzentrale in aller Regel nur einen ersten Überblick liefern können. Konkrete Fragen, zum Beispiel in welcher Höhe mit Schmerzensgeld zu rechnen ist, ob tatsächlich ein Behandlungsfehler vorliegt, können grundsätzlich nicht beantwortet werden. Eine umfassende Prüfung des konkreten Falles erfolgt nicht, ebenso wenig ist eine Vertretung des Patienten gegenüber dem Arzt oder Krankenhaus möglich.

5. Ombudsmann

Ist der Behandlungsfehler in einem Krankenhaus aufgetreten, können sich Patienten an die Patientenbeschwerdestelle des Krankenhauses wenden. Nach dem Patientenrechtegesetz sind Krankenhäuser bundesweit zur Einrichtung eines patientenorientierten Beschwerdemanagements verpflichtet. Die Ausführung des Gesetzes ist den einzelnen Bundesländern vorbehalten. In einigen Bundesländern ist daher ein unabhängiger Patientenfürsprecher, der Ombudsmann, gesetzlich vorgeschrieben worden. Aufgabe des Patientenfürsprechers ist es, die Anliegen der Patienten gegenüber dem Krankenhaus zu vertreten.

Die Sprechzeiten des Ombudsmannes erfährt man im jeweiligen Krankenhaus. Der Ablauf eines Ombudsverfahrens gestaltet sich wie folgt: Der Ombudsmann lässt sich zunächst schildern, was passiert ist. Sodann berät er mit dem Patienten, welche nächsten Schritte einzuleiten sind. Hierzu gehört beispielsweise, dass der Ombudsmann die Geschäftsführung des Krankenhauses einschaltet.

Bei Behandlungsfehlern, insbesondere wenn es um Schmerzensgeld und Schadensersatz geht, ist das Ombudsverfahren nicht geeignet, da sich das Krankenhaus ohne Rückversicherung bei der zuständigen Haftpflichtversicherung zu keinen Ersatzleistungen verpflichten wird. Das Ombudsverfahren ist vornehmlich darauf gerichtet, zukünftige Unregelmäßigkeiten im Krankenhaus, wie zum Beispiel sexuelle Übergriffe, Korruption, Vorteilsannahme oder sonstige kriminelle Handlungen zu vermeiden. Durch den Ombudsmann sollen entsprechende Unregelmäßigkeiten in anonymisierter Form der Geschäftsleitung, der betreffenden Abteilung oder der ärztlichen Leitung mitgeteilt werden, um diese Missstände in Zukunft zu beseitigen. Für konkrete Behandlungsfehler ist das Ombudsmannverfahren weniger geeignet.

6. Landesärztekammer/Landeszahnärztekammer

Bei den Landesärztekammern sind seit 1975 Gutachterkommissionen und Schlichtungsstellen eingerichtet, die bei Meinungsverschiedenheiten zwischen Arzt und Patient klären, ob die gesundheitliche Komplikation auf einer haftungsbegründenden ärztlichen Behandlung beruht. Ziel dieser Einrichtungen ist die außergerichtliche Einigung zwischen Arzt und Patient. Das Verfahren vor den Gutachterkommissionen und Schlichtungsstellen ist durch Verfahrensordnungen und Statuten bzw. Vereinbarungen der Ärztekammern geregelt.

Die Gutachterkommissionen und Schlichtungsstellen werden auf Antrag tätig. Eine Teilnahme des Arztes oder Krankenhauses ist freiwillig. Entsprechende Formulare werden von den jeweiligen Landesärztekammern vorgehalten. Zuständig ist die Landesärztekammer in dem das behandelnde Krankenhaus beziehungsweise der behandelnde Arzt seinen Sitz hat. In dem Verfahren werden neben Ärzten auch Juristen tätig. Anhand der Behandlungsdokumentation wird geprüft, ob ein Behandlungsfehler vorliegt. Die Verfahrensdauer ist unterschiedlich, was sich zum Teil aus dem Umfang oder der Schwierigkeit der jeweiligen Behandlung erklärt. Die Bundesärztekammer nennt auf ihrer Homepage eine durchschnittliche Verfahrensdauer von 15 Monaten. Am Ende des Verfahrens erhalten die Verfahrensbeteiligten, also der Patient sowie der Arzt beziehungsweise das Krankenhaus, eine schriftliche Mitteilung über das Ergebnis der gutachterlichen Prüfung, mithin eine Stellungnahme, ob nach ärztlicher sowie juristischer Bewertung ein Behandlungsfehler vorliegt und damit ein Anspruch auf Schadensersatz besteht. Zur Höhe etwaiger Schadensersatz- oder Schmerzensgeldansprüche wird allerdings keine Stellung genommen. Unabhängig vom Ausgang des Verfahrens vor der Gutachterkommission oder Schlichtungsstelle steht den Beteiligten der Klageweg weiterhin offen. Die Anrufung der Gutachterkommission oder Schlichtungsstelle ist für den Patienten kostenlos. Für die Dauer des Verfahrens ist die Verjährung gehemmt. Der Patient läuft somit nicht Gefahr, dass seine Ansprüche während der Prüfung durch die Gutachterkommission oder Schlichtungsstelle verjähren.

IST EIN VERFAHREN VOR DER SCHLICHTUNGSSTELLE/GUTACHTERKOMMISSION SINNVOLL?

Ob ein Verfahren vor der Gutachterkommission oder Schlichtungsstelle aufgenommen werden soll, bedarf gründlicher Abwägung. Häufig werden die Verfahren von Krankenkassen, aber auch von Rechtsschutzversicherungen empfohlen. Dies erfolgt zumeist nicht ganz uneigennützig, da die Krankenkasse in diesem Fall die Kosten eines eigenen MDK-Gutachtens vermeiden kann oder die Rechtsschutzversicherung die Kosten für ein aufwändiges Gerichtsverfahren einsparen kann. Die Verfasser dieses Buches, die seit vielen Jahren Behandlungsfehler anwaltlich bearbeiten, empfehlen die Durchführung eines Verfahrens vor der Gutachterkommission oder Schlichtungsstelle grundsätzlich nicht.

Zunächst muss berücksichtigt werden, dass die Gutachterkommissionen und Schlichtungsstellen nicht nur von den Ärztekammern, sondern auch von den ärztlichen Berufshaftpflichtversicherungen finanziert werden. Letztere sind grundsätzlich daran interessiert, Schadenersatz- und Schmerzensgeldansprüche abzuwehren. Die Entscheidungen der Gutachterkommissionen und Schlichtungsstellen fallen daher häufig zum Nachteil des Patienten aus. Regelmäßig im Frühjahr publiziert die Bundesärztekammer die von den Gutachterkommissionen und Schlichtungsstellen festgestellten Behandlungsfehler mit dem stolzen Hinweis, dass die tatsächlich festgestellten Behandlungsfehler lediglich im Promillebereich liegen (unter wissentlichem Verschweigen, dass nur ein Bruchteil aller Behandlungsfehler vor die Gutachterkommissionen und Schlichtungsstellen gelangt).

Ein weiterer Nachteil ist, dass die Gutachterkommissionen und Schlichtungsstellen nicht zugleich über die Schadenersatz- und Schmerzensgeldansprüche des Patienten entscheiden. Häufig kann selbst bei einem positiven Gutachten keine Einigung mit der Haftpflichtversicherung des Krankenhauses oder des Arztes erzielt werden. In diesem Falle bleibt dem Patienten nur die Möglichkeit, doch noch ein Gericht anzurufen.

Da die Gerichte nahezu ausnahmslos die Gutachten der Gutachterkommissionen und Schlichtungsstellen nicht verwerten, sondern eigene gerichtliche Gutachten einholen, schließt sich in der Regel noch ein zwei- bis dreijähriges Gerichtsverfahren an.

Ebenso kann es passieren, dass die Haftpflichtversicherung des Arztes oder des Krankenhauses das Ergebnis des Gutachterverfahrens nicht anerkennt.

Dem Patienten bleibt auch in dieser Situation nichts anderes übrig, als den Gang vor das Gericht anzutreten. Es kommt auch in dieser Konstellation zu einer erheblichen Verzögerung bei der Regulierung des Schadens.

Ein letzter Aspekt soll noch erwähnt werden: Fällt das Gutachten der Schlichtungsstelle oder Gutachterkommission zum Nachteil des Patienten aus, so wird ein nachfolgendes Verfahren vor Gericht für den Patienten extrem erschwert. Wie bereits erwähnt, holt auch das Gericht ein weiteres Gutachten ein. Das bereits vorliegende Gutachten der Schlichtungsstelle oder Gutachterkommission ist dem Gericht bekannt, da der beklagte Arzt oder das beklagte Krankenhaus dieses Gutachten zur eigenen Entlastung in den Prozess einsetzen wird. Folglich sieht dieses Gutachten auch der vom Gericht bestellte Gutachter. Angesichts eines negativen Vorgutachtens wird sich das Interesse des Gerichtsgutachters, sich über die Feststellungen des Vorgutachters hinwegzusetzen, in engen Grenzen halten. Der Patient muss in dieser Situation damit rechnen, dass auch das Gutachten durch den Gerichtsgutachter zu seinem Nachteil ausfällt. Bei einem MDK-Gutachten besteht diese Gefahr indessen nicht, da die Gegenseite grundsätzlich keine Kenntnis von dem MDK-Gutachten hat.

FAZIT:
Die Ärztekammern bieten kostenlose Verfahren vor den Schlichtungsstellen und Gutachterkommissionen an. Hier wird von Ärzten und Juristen geprüft, ob ein Behandlungsfehler vorliegt. Ob tatsächlich eine Schlichtungsstelle oder Gutachterkommission angerufen wird, sollte

sorgfältig überlegt werden. Hat der Patient eine Rechtsschutzversicherung und somit kein Kostenrisiko, spricht in der Regel wenig dafür, das Verfahren vor einer Schlichtungsstelle oder Gutachterkommission aufzunehmen. Hier sollte ein MDK-Gutachten vorgezogen werden.

7. Beratung durch Rechtsanwälte

Das umfassendste Beratungsangebot einschließlich der nachfolgenden Vertretung geschädigter Patienten gegenüber Schlichtungsstellen, Haftpflichtversicherungen oder im Gerichtsverfahren bieten Rechtsanwälte. Der Nachteil ist, dass diese Beratungsangebote nicht kostenlos sind, worauf noch an späterer Stelle im Einzelnen eingegangen wird.

WORAUF IST BEI DER AUSWAHL EINES RECHTSANWALTS ZU ACHTEN?

Bei der Inanspruchnahme von anwaltlicher Beratung sollte unbedingt auf die entsprechende Qualifikation und Erfahrung des Rechtsanwaltes Wert gelegt werden. Aufschluss hierüber geben zunächst die Internetseiten des Rechtsanwaltes beziehungsweise der Rechtsanwaltskanzlei. Auch die Rechtsanwaltskammern erteilen entsprechende Auskünfte und benennen Rechtsanwälte, die sich im Bereich des Medizinrechts spezialisiert haben. Viele Anwälte werben mit der Aussage, sie seien im Medizinrecht tätig. Man findet Hinweise wie zum Beispiel: Spezialist im Medizinrecht, Tätigkeitsschwerpunkt Medizinrecht oder Interessenschwerpunkt Medizinrecht. Solche Bezeichnungen bürgen nicht zwangsläufig für Qualität und Erfahrung, Rechtsanwälte können selbst entscheiden, ob sie entsprechende Bezeichnungen führen. Eine Qualitätskontrolle hat in diesen Fällen nicht stattgefunden.

Etwas anderes gilt bei dem Titel: „Fachanwalt für Medizinrecht". Dieser Titel wird von der örtlichen Rechtsanwaltskammer verliehen und setzt folgendes voraus: Zunächst wird eine dreijährige Zulassung und Tätigkeit innerhalb der letzten sechs Jahre vor der Antragstellung vorausgesetzt; § 3 FAO. Des Weiteren muss der Rechtsanwalt besondere theoretische Kenntnisse und praktische Erfahrungen im Bereich des Medizinrechts nachweisen; § 2 Abs. 1 FAO. Die theoretischen Kenntnisse sind erbracht, wenn der Rechtsanwalt an einem anwaltsspezifischen Lehrgang, der alle relevanten Bereiche des Medizinrechts umfasst, mit mindestens 120 Zeitstunden erfolgreich teilgenommen hat. Die erfolgreiche Teilnahme muss durch Leistungskontrollen nach jedem Abschnitt des Lehrganges nachgewiesen werden. Die praktischen Erfahrungen werden dadurch nachgewiesen, dass der Rechtsanwalt belegt, 60 Fälle aus verschiedenen Bereichen des Medizinrechts selbstständig bearbeitet zu haben; § 5 Ziff. i. FAO). Die Bearbeitung dieser Fälle muss anhand von Falllisten und gegebenenfalls auch anhand von Aktenauszügen nachgewiesen werden.

Zuständig für die Überprüfung der theoretischen und praktischen Kenntnisse ist ein spezieller Ausschuss von Rechtsanwälten, die von der Rechtsanwaltskammer ernannt werden. Schließlich muss der Fachanwalt für Medizinrecht jährlich seine Fortbildung durch Teilnahme an Fortbildungsveranstaltungen mit einem Umfang von wenigstens 15 Zeitstunden nachweisen. Alternativ kann dieser Nachweis auch durch Vorlage von einschlägigen Publikationen oder durch dozierende Tätigkeiten im Medizinrecht erbracht werden; § 15 FAO.

Bei der Beauftragung eines Fachanwalts für Medizinrecht kann der Patient somit grundsätzlich davon ausgehen, dass der Rechtsanwalt, der diesen Titel führt, einerseits über entsprechende Erfahrung andererseits auch über die notwendigen Kenntnisse im Medizinrecht verfügt. Eine weitere Besonderheit ist aber zu beachten: Bei den Fachanwälten für Medizinrecht, zumindest bei jenen Rechtsanwälten, die ausnahmslos im Arzthaftungsrecht tätig sind, hat es sich eingebürgert, dass sie entweder für die Behandlerseite oder aber für die Patientenseite tätig werden. Ein Tätigwerden von Fall zu Fall, mal für den Arzt und mal für den Patienten, findet sich zumindest bei den renommierten Rechtsanwälten und Rechtsanwaltskanzleien so gut wie nicht. Schließlich ist noch zu berücksichtigen, dass das Medizinrecht ein sehr weit gestecktes Gebiet ist, sodass sich viele Fachanwälte für Medizinrecht auf spezielle Bereiche, wie zum Beispiel Arzthaftungsrecht, Arzneimittelrecht aber auch Vertragsarztrecht weiter spezialisiert haben. Über all diese Fragen gibt in der Regel die Homepage des entsprechenden Rechtsanwalts für Medizinrecht Aufschluss, ansonsten können diese Informationen auch vorab telefonisch erfragt werden.

Informieren Sie sich über Ihren Rechtsanwalt!
Vor Beauftragung eines Rechtsanwalts sollte der Patient versuchen, sich von der Qualifikation des Rechtsanwalts im Medizinrecht zu überzeugen. Aussagekräftig ist hier zunächst, ob der Rechtsanwalt den Fachanwaltstitel für Medizinrecht führt. Weitere Informationen sollten über die Homepage des Anwalts eingeholt werden, insbesondere ob er auf Patientenseite bei Behandlungsfehlern tätig ist. Viele Fachanwälte für Medizinrecht vertreten ausnahmslos Ärzte und keine Patienten.

WIE RECHNET DER RECHTSANWALT AB?

Die Konsultation eines Rechtsanwalts ist grundsätzlich kostenpflichtig, wenngleich manche Fachanwälte für Medizinrecht eine kostenlose Erstberatung oder Vorprüfung des Falles anbieten. Auch hierüber geben die Homepages der Rechtsanwälte Auskunft. Die Höhe der Vergütung des Rechtsanwalts ergibt sich aus dem Rechtsanwaltsvergütungsgesetz

(RVG). Neben der gesetzlichen Vergütung werden häufig auch Vergütungsvereinbarungen abgeschlossen. In gerichtlichen Verfahren darf eine Vergütungsvereinbarung allerdings die gesetzlichen Gebühren nicht unterschreiten. Die Vereinbarung einer höheren Vergütung ist indes möglich.

BESPRECHEN SIE DAS ANWALTLICHE HONORAR, BEVOR DAS MANDAT ERTEILT WIRD!
Sprechen Sie vor Beauftragung des Rechtsanwalts unbedingt das Gebührenaufkommen an. Lassen Sie sich hierbei genau erklären, in welcher Höhe und zu welchem Zeitpunkt Zahlungen auf Sie zukommen.

Das RVG besteht aus einem Gesetzestext sowie einem Vergütungsverzeichnis. Der Gesetzestext enthält die allgemeinen gebührenrechtlichen Vorschriften, während das Vergütungsverzeichnis die einzelnen Gebührentatbestände auflistet. Bei Behandlungsfehlern berechnen sich die Gebühren nach dem RVG stets nach dem Gegenstandswert. Je höher der Gegenstandswert ist, desto höher sind die Gebühren des Rechtsanwalts. Im außergerichtlichen Bereich steht dem Rechtsanwalt ein flexibler Gebührenrahmen zur Verfügung. Je nach Schwierigkeitsgrad und Aufwand des Falles kann der Rechtsanwalt selbst bestimmen, welcher Faktor auf die normale Gebühr in Ansatz gebracht wird. Der Rahmen reicht vom Faktor 0,5 bis zum 2,5-fachen der normalen Gebühr. Wird der Rechtsanwalt für den Patienten vor Gericht tätig, so wird das Honorar des Rechtsanwalts für diese Tätigkeit auf Basis von festen Gebührensätzen, je nach Höhe des Streitwertes, bemessen. Es spielt keine Rolle, ob das Verfahren besonders kompliziert oder besonders langwierig ist.

BESTEHT EINE RECHTSSCHUTZVERSICHERUNG?
Verfügt der Patient über eine Rechtsschutzversicherung, so kommt diese für die gesetzlichen Gebühren des Rechtsanwalts sowohl im außergerichtlichen als auch im gerichtlichen Bereich auf. Des Weiteren zahlt die Rechtschutzversicherung sämtliche anfallenden Gerichtskosten und vor allem auch die Gutachterkosten, wenn das Gericht, was regelmäßig geschieht, ein medizinisches Sachverständigengutachten in Auftrag gibt. Bereits an dieser Stelle sei darauf hingewiesen, dass Gerichtsverfahren wegen eines Behandlungsfehlers erhebliche Kosten auslösen, die der Patient beziehungsweise seine Rechtsschutzversicherung vorverauslagen muss. Es ist es daher absolut empfehlenswert, über eine Rechtsschutzversicherung zu verfügen.

WIE GEHT DER RECHTSANWALT VOR?
Der Rechtsanwalt wird in aller Regel als erstes die Behandlungsdokumentation des betroffenen Arztes oder Krankenhauses, möglicherweise auch die der Nachbehandler, anfordern. Nach Durchsicht dieser Unterlagen kann der Rechtsanwalt dem Patienten eine erste Einschätzung geben. Bei medizinisch einfach gelagerten Sachverhalten wird der Rechtsanwalt, wenn er vom Vorliegen eines Behandlungsfehlers ausgeht, den Behandler, also den Arzt oder das Krankenhaus anschreiben

und dazu auffordern, die Haftung dem Grunde nach anzuerkennen. Ein solches Aufforderungsschreiben ist erforderlich, um die Gegenseite in Verzug zu setzen und bei einer nachfolgenden gerichtlichen Auseinandersetzung ein sofortiges Anerkenntnis der Behandlerseite zu verhindern. Ohne ein entsprechendes Aufforderungsschreiben würde ein solches Anerkenntnis dazu führen, dass der Patient die Kosten des gesamten Verfahrens zu tragen hätte. Ist der nach Durchsicht der Behandlungsdokumentation festgestellte medizinische Sachverhalt komplizierter, so wird der Rechtsanwalt gegenüber dem Patienten empfehlen, zunächst ein medizinisches Fachgutachten einzuholen. Dies kann entweder über den MDK erfolgen, wenn der Patient gesetzlich krankenversichert ist, ansonsten über einen ärztlichen Privatgutachter. Bestätigt das medizinische Fachgutachten das Vorliegen eines Behandlungsfehlers, so würde der Rechtsanwalt sich an die Behandlerseite wenden und diese auffordern, die Haftung anzuerkennen.

Auf das Aufforderungsschreiben melden sich häufig die Haftpflichtversicherer des Arztes oder des Krankenhauses. In dieser Situation besteht die Möglichkeit, eine außergerichtliche Regulierung, insbesondere einen Vergleich mit der Gegenseite zu schließen. Die Haftpflichtversicherungen sind hierzu aber nur bereit, wenn es sich um eindeutige, kaum von der Hand zu weisende Haftungsfälle handelt. Ist der medizinische Sachverhalt etwas komplizierter, so ist ein Klageverfahren vor Gericht in aller Regel unausweichlich.

FAZIT:
Das Beratungsangebot des qualifizierten Rechtsanwaltes (Fachanwalt für Medizinrecht) stellt das umfassendste Beratungsangebot dar. Der Rechtsanwalt kann den Patienten zunächst darüber beraten, ob eine Haftung des Arztes oder Krankenhauses grundsätzlich in Betracht kommt. Sodann kann der Rechtsanwalt kompetent über die Höhe des in Betracht kommenden Schmerzensgeldes und weiterer Schadenersatzansprüche beraten und dem Patienten die Höhe des Schmerzensgeldes für die erlittene Gesundheitsbeeinträchtigung mitteilen. Schließlich übernimmt der Rechtsanwalt auch die weitere Vertretung des Patienten, sowohl außergerichtlich als auch vor Gericht. Er wickelt schließlich alle in Betracht kommenden Ansprüche wie Schmerzensgeld und Schadenersatz für den Patienten mit der Haftpflichtversicherung des betreffenden Arztes oder Krankenhauses ab.

8. Selbsthilfegruppen
Es gibt in Deutschland ca. 100.000 Selbsthilfegruppen für ganz unterschiedliche Krankheitsbilder, worunter teilweise auch Behandlungsfehler fallen. Eine sehr gute Übersicht über die einzelnen Selbsthilfegruppen bietet die Seite: www.gesundheit-krankheiten.de/selbsthilfegruppen.html. Bei den Selbsthilfegruppen steht der Erfahrungsaustausch der Geschädigten im Vordergrund. Zweck der Selbsthilfegruppen ist es, Personen mit gleichem Krankheitsbild zusammenzubringen, um Erfahrungen und Tipps auszutauschen. Häufig werden auch für das Krankheitsbild spezialisierte Rechtsanwälte oder Ärzte empfohlen. In den Selbsthilfegruppen besteht häufig ein enormes Erfahrungswissen. Gerade nach schweren Behandlungsfehlern besteht häufig der Wunsch, sich mit Gleichgesinnten, die Ähnliches durchgemacht haben, auszutauschen. Der Beitritt zu einer Selbsthilfegruppe kann zur Verarbeitung des Behandlungsfehlers sehr sinnvoll sein.

VII. Welche Ansprüche stehen dem Patienten bei einem Behandlungsfehler zu?

Grundsätzlich ist zwischen Vermögensschäden, auch materielle Schäden genannt, und immateriellen Schäden zu unterscheiden.

Bei den Vermögensschäden gilt nach § 249 Abs. 1 BGB der Grundsatz, dass „der Zustand herzustellen ist, der bestehen würde, wenn der zum Ersatz verpflichtende Umstand nicht eingetreten wäre“.

WAS IST EIN VERMÖGENSSCHADEN?

- Der aufgrund des Behandlungsfehlers entstandene Verdienstausfall des Patienten.
- Die Kosten für eine Haushaltshilfe, wenn der Patient aufgrund des Behandlungsfehlers seinen Haushalt nicht allein führen kann.
- Der Einbau eines Treppenlifts, wenn dies nach dem Behandlungsfehler medizinisch notwendig ist.

Der Ersatz eines Vermögensschadens dient also der Kompensation für getätigte Aufwendungen oder Vermögenseinbußen aufgrund des Behandlungsfehlers.

Die Vermögensschäden muss der Patient im Einzelnen nachweisen und auch den Beweis führen, dass sie, wie zum Beispiel der Treppenlift, notwendig waren.

BEWAHREN SIE SÄMTLICHE BELEGE UND RECHNUNGEN AUF!
Es ist daher wichtig, dass alle Belege, Rechnungen und so weiter aufbewahrt werden.

Neben dem Ersatz von Vermögensschäden steht dem Patienten auch ein Anspruch auf Schmerzensgeld zu. Das Schmerzensgeld hat die Aufgabe, den erlittenen körperlichen Schaden so gut wie möglich zu kompensieren. Für viele Patienten ist der Schmerzensgeldanspruch von besonderer Bedeutung, da er ihnen ein Gefühl von persönlicher Befriedigung gibt. Nach der Rechtsprechung hat der Schmerzensgeldanspruch eine doppelte Funktion:

- Er soll dem Geschädigten einen angemessenen Ausgleich für diejenigen Schäden bieten, die nicht vermögensrechtlicher Art sind.
- Er soll aber zugleich dem Gedanken Rechnung tragen, dass der Schädiger dem Geschädigten für das, was er ihm angetan hat, Genugtuung schuldet.

Nach dem Gesetz kann der Geschädigte als Schmerzensgeld eine „billige Entschädigung in Geld“ verlangen; § 253 Abs. 2 BGB.

WIE WIRD DAS SCHMERZENSGELD ERRECHNET?
In der Praxis haben sich Schmerzensgeldtabellen durchgesetzt. Es handelt sich hierbei um recht umfangreiche Werke, in denen für einzelne Verletzungen, Unfallfolgen, Körperschäden oder sonstige körperliche Beeinträchtigungen Schmerzensgeldbeträge zugewiesen werden. Es wird insoweit auf konkrete Urteile verwiesen, in denen es um die entsprechende Beeinträchtigung ging und das Schmerzensgeld durch ein Gericht zugesprochen wurde.

Der Schmerzensgeldbetrag, der sich aus den entsprechenden Tabellen ergibt, ist aber nur eine vorläufige Größe. Entscheidend ist stets der Einzelfall. Es kann nach den Kriterien des Einzelfalles zu Minderungen aber auch Erhöhungen des Betrages kommen. Maßgebliche Kriterien sind unter anderem:

- Wie schwer ist die Verletzung im Einzelfall?
- Wie stellten sich Art, Dauer und Intensität der Schmerzen darf?
- Gab es bereits Vorschäden?
- Gibt es Folgeschäden oder Folgebeeinträchtigungen?
- Wie alt ist der Geschädigte?
- Wie stellte sich der Heilungsverlauf dar?

- Ist es zu einer vorübergehenden oder gar dauerhaften Berufsaufgabe gekommen?
- Welche Auswirkungen gab es in der Freizeitgestaltung?

Das letztendlich zu zahlende Schmerzensgeld wird vom Gericht festgesetzt, sofern es nicht zu einer einvernehmlichen Regelung mit dem Arzt, Krankenhaus beziehungsweise der dahinterstehenden Haftpflichtversicherung kommt. Die deutschen Gerichte neigen auch heute noch dazu, die ausgeurteilten Schmerzensgeldbeträge relativ niedrig zu bemessen. Eine Übersicht über von der Rechtsprechung ausgeurteilte Schmerzensgeldbeträge befindet sich im Anhang.

WAS IST DER HAUSHALTSFÜHRUNGSSCHADEN?

Hierunter wird der Schaden verstanden, der einem Patienten entsteht, wenn er nach dem Behandlungsfehler seinen Haushalt nicht mehr oder nur noch teilweise führen kann. Die Hausarbeit muss in diesen Fällen von Familienangehörigen oder anderen, dem Patienten nahestehenden Personen, unentgeltlich übernommen werden. Kommt es zur Einstellung einer Haushaltshilfe liegt ein normaler Vermögensschaden vor, sodass die Kosten für die Haushaltshilfe vom Schädiger zu tragen sind. Beim Haushaltsführungsschaden liegt die Besonderheit darin, dass dem geschädigten Patienten gerade keine Kosten entstehen, da andere Personen unentgeltlich die Haushaltsarbeiten übernehmen. Obgleich keine Kosten entstanden sind, billigt die Rechtsprechung dem geschädigten Patienten einen Anspruch in Höhe der Kosten zu, die entstanden wären, wenn er für die Haushaltsführung eine Person hätte bezahlen müssen.

Die Berechnung und der Nachweis dieses fiktiven Schadenersatzanspruches sind in der Praxis nicht einfach. Es muss zunächst ein Beeinträchtigungsfaktor des geschädigten Patienten ermittelt werden. Hierzu bedient sich die Praxis verschiedener Tabellen, die für typische Verletzungen prozentuale Beeinträchtigungen vorsehen. Sodann ist festzustellen, in welchem Umfang der Patient vor dem Behandlungsfehler im Haushalt tätig war. Hier ist entscheidend, welche Arbeitsleistung konkret erbracht wurde. Der Arbeitsumfang wird dabei maßgeblich von der im Haushalt lebenden Personen Anzahl und der Größe des Haushaltes (Fläche) bestimmt. Für die Bewertung typischer Haushalte wird wiederum auf Tabellen zurückgegriffen. Das Ergebnis der Berechnung wird schließlich in Stunden ausgedrückt und in Anlehnung an die BAT-Eingruppierung ausgerechnet. Bei einem Drei- bis Vierpersonenhaushalt und einem mehrmonatigen Ausfall eines mitarbeitenden Familienangehörigen kann sich ohne weiteres ein Haushaltsführungsschaden von 4.000,00 EUR bis 8.000,00 EUR ergeben.

VIII. Wie setze ich meine Rechte nach einem Behandlungsfehler durch?

Es ist bereits ausgeführt worden, dass zunächst das Gespräch mit dem Arzt oder Krankenhaus geführt werden sollte, wenn ein Verdacht auf einen Behandlungsfehler besteht. In aller Regel wird der Arzt oder das Krankenhaus aber weder einen Behandlungsfehler einräumen, geschweige denn dem Patienten Schmerzensgeld oder Schadensersatz anbieten. Der Patient sollte sich dann möglichst von einem qualifizierten Rechtsanwalt beraten lassen.

Wichtiger Hinweis:
Die Anrufung der Schlichtungsstelle oder des Gutachterausschusses kann durch den Patienten ohne anwaltliche Hilfe erfolgen. Für das gesamte Verfahren ist keine anwaltliche Vertretung erforderlich. Selbstverständlich kann sich der Patient aber vor der Schlichtungsstelle oder dem Gutachterausschuss auch durch einen Rechtsanwalt vertreten lassen. Inwieweit eine anwaltliche Vertretung in diesem Verfahren sinnvoll ist, sollte jeder Patient selbst entscheiden. Tatsache ist, dass das Verfahren vor der Schlichtungsstelle oder dem Gutachterausschuss weitestgehend formlos ist und nicht vom Patienten, wie zum Beispiel ein Gerichtsverfahren, betrieben werden muss. Die Krankenakten zieht die Schlichtungsstelle beziehungsweise der Gutachterausschuss von sich aus bei. Eine Stellungnahme des Patienten wird in aller Regel erstmalig dann verlangt, wenn das erste medizinische Gutachten vorliegt. In dieser Situation können sowohl der betroffene Arzt beziehungsweise das Krankenhaus und der Patient eine Stellungnahme zu dem Gutachten abgeben, bevor dann die Schlichtungsstelle oder der Gutachterausschuss sein abschließendes Gutachten formuliert. Es handelt sich somit um eine rein medizinische Stellungnahme, die der Patient in dem Verfahren abgeben kann. Sinnvoller als die Beiziehung eines Rechtsanwaltes dürfte daher in aller Regel die Beiziehung eines Arztes sein, der sich mit den fachspezifischen medizinischen Fragen auskennt.

1. Verfahren vor den Schlichtungsstellen und Gutachterkommissionen

Die Verfahren haben nur die Frage zum Gegenstand, ob ein Behandlungsfehler vorliegt oder nicht. Es wird also nicht über Schadensersatz oder Schmerzensgeld verhandelt beziehungsweise entschieden. Ebenso wenig findet eine Beweisaufnahme über den Inhalt eines Aufklärungsgespräches statt. Die Verfahren werden auf Antrag des Patienten eingeleitet und nur bei Zustimmung des Arztes bzw. dessen Haftpflichtversicherung durchgeführt. Der Patient muss ein Formblatt ausfüllen, in dem er kurz den Behandlungsverlauf schildert und den Arzt beziehungsweise das Krankenhaus benennt durch welche die vermeintlich fehlerhafte Behandlung begangen wurde. Zuständig ist jeweils die Schlichtungsstelle beziehungsweise der Gutachterausschuss in dem Bezirk jener Ärztekammer, in der der Arzt beziehungsweise das Krankenhaus ihren Sitz haben. Manche Landesärztekammern haben nur einen Gutachterausschuss beziehungsweise Schlichtungsstelle. Die Kontaktdaten sämtlicher Schlichtungsstellen und Gutachterausschüsse werden in der nachfolgenden Übersicht dargestellt:

GUTACHTERKOMMISSIONEN IM BEREICH DER LANDESÄRZTEKAMMER BADEN-WÜRTTEMBERG
Gutachterkommission bei der Bezirksärztekammer Nordwürttemberg, Jahnstraße 5, 70597 Stuttgart, Telefon: 0711/769810, www.bezirksaerztekammer- nordwürttemberg.de

Gutachterkommission bei der Bezirksärztekammer Nordbaden, Keßlerstraße 1, 76185 Karlsruhe, Telefon: 0721/59610, www.bezirksaerztekamme-nordbaden.de

Gutachterkommission bei der Bezirksärztekammer Südbaden, Sundgauallee 27, 79144 Freiburg, Telefon: 0761/8840, www.bezirksaerztekammer-suedbaden.de

Gutachterkommission bei der Bezirksärztekammer Südwürttemberg, Haldenhaustraße 11, 72770 Reutlingen, Telefon: 07121/9170, www.bezirksaerztekamme-suedwurttemberg.de

GUTACHTERSTELLE FÜR ARZTHAFTUNGSFRAGEN BEI DER BAYERISCHEN LANDESÄRZTEKAMMER
Mühlbaurstraße 18, 81677 München, Telefon: 089/30904830, www.blaek.de

GUTACHTER- UND SCHLICHTUNGSSTELLE BEI DER LANDESÄRZTEKAMMER HESSEN
Im Vogelsang 3, 60488 Frankfurt a. M., Telefon: 069/97672161/-162, www.laekh.de

GUTACHTERKOMMISSION FÜR ÄRZTLICHE BEHANDLUNGSFEHLER BEI DER ÄRZTEKAMMER NORDRHEIN
Tersteegenstraße 9, 40474 Düsseldorf, Telefon: 0211/43021214, www.aekno.de

SCHLICHTUNGSAUSSCHUSS ZUR BEGUTACHTUNG ÄRZTLICHER BEHANDLUNGEN BEI DER LANDESÄRZTEKAMMER RHEINLAND-PFALZ
Deutschhausplatz 3, 56116 Mainz, Telefon: 06131/2882271/-72, www.laek-rip.de

GUTACHTERKOMMISSION FÜR FRAGEN ÄRZTLICHER HAFTPFLICHT BEI DER ÄRZTEKAMMER DES SAARLANDES
Faktoreistraße 4, 66111 Saarbrücken, Telefon: 0681/4003285, www.aerztekammer-saarland.de

GUTACHTERSTELLE FÜR ARZTHAFTUNGSFRAGEN DER SÄCHSISCHEN LANDESÄRZTEKAMMER
Schützenhöhe 16, 01099 Dresden, Telefon: 0351/8267131, www.slaek.de

GUTACHTERKOMMISSION FÜR ÄRZTLICHE HAFTPFLICHTFRAGEN BEI DER ÄRZTEKAMMER WESTFALEN-LIPPE
Gartenstraße 210–214, 48147 Münster, Telefon: 0251/9292350, www.aekwl.de

SCHLICHTUNGSSTELLE FÜR ARZTHAFTPFLICHTFRAGEN DER NORDDEUTSCHEN ÄRZTEKAMMERN
Hans-Böckler-Allee 3, 30173 Hannover, Telefon: 05 11/3802–416/-420, www.norddeutsche-schlichtungsstelle.de

2. Das Verfahren vor Gericht, die Zivilklage

Lehnt der Haftpflichtversicherer des betroffenen Arztes oder des betroffenen Krankenhauses eine außergerichtliche Regulierung ab, oder ist das Angebot, wie regelmäßig, viel zu niedrig, so bleibt dem betroffenen Patienten nur der Weg vor das Gericht.

WELCHES IST DAS ZUSTÄNDIGE GERICHT UND IST ANWALTLICHE VERTRETUNG ERFORDERLICH?
Zuständig für einen Anspruch auf Schmerzensgeld und/oder Schadensersatz ist entweder das Amtsgericht oder Landgericht am Sitz des beklagten Arztes oder Krankenhauses. Man spricht insoweit von der örtlichen Zuständigkeit.

Die Höhe des geltend zu machenden Gesamtanspruchs entscheidet, ob das Amts- oder das Landgericht zuständig ist. Insoweit spricht man von der sachlichen Zuständigkeit. Beträgt der geltend gemachte Gesamtanspruch (also die Summe von Schmerzensgeld, Schadenersatz und einem Feststellungsantrag, dazu jeweils später) nicht mehr als 5.000,00 EUR, so ist das Amtsgericht zuständig. Ab einem Gesamtanspruch von mindestens 5.000,01 EUR ist die Zuständigkeit des Landgerichts gegeben.

Nach Möglichkeit zum Landgericht!
Bei einem Gesamtanspruch von ca. 5.000,00 EUR sollte nach Möglichkeit versucht werden, den Gesamtanspruch auf oberhalb von 5.000,00 EUR festsetzen zu lassen. Bei allen Landgerichten sind inzwischen spezielle Arzthaftungskammern eingerichtet, die über wesentlich mehr Expertise im Medizinrecht verfügen, als ein Amtsrichter, der auch über Mietverhältnisse, Nebenkostenabrechnungen, Verkehrsunfälle oder sonstige zivilrechtliche Angelegenheiten zu entscheiden hat.

GIBT ES BESONDERHEITEN IM ARZTHAFTUNGSPROZESS?

Die Besonderheit bei einem Arzthaftungsprozess gegenüber einem normalen Zivilprozess besteht darin, dass das Gericht eine sogenannte Amtsermittlungspflicht hat. Im normalen Zivilprozess gilt hingegen der sogenannte Beibringungsgrundsatz. Das bedeutet, dass der Kläger den gesamten, entscheidungsrelevanten Streitstoff vortragen und beweisen muss. Im Arzthaftungsprozess ist hingegen das Gericht verpflichtet, den medizinischen Sachverhalt von sich aus zu ermitteln. Der Patient muss hingegen nur jene Tatsachen, auf die er sich stützt, plausibel vortragen. Diese Abweichung des Arzthaftungsprozesses vom normalen Zivilprozess resultiert daraus, dass bei Patienten und Ärzten nicht von einer „Waffengleichheit“ ausgegangen werden kann. Der Arzt verfügt aufgrund seines medizinischen Wissens über einen erheblichen Vorteil im Prozess. Um diesen Vorteil zu kompensieren, hat die Rechtsprechung frühzeitig begonnen, den Patienten davon zu befreien, einen komplizierten medizinischen Sachverhalt im Detail vortragen zu müssen.

Kein Prozess ohne Anwalt!
Vor dem Amtsgericht besteht kein Anwaltszwang. Dies bedeutet, dass sich die Patienten in einem amtsgerichtlichen Verfahren allein vertreten können. Demgegenüber besteht bei Landgerichten Anwaltszwang. Ohne einen Rechtsanwalt kann der Patient vor dem Landgericht keine Klage einreichen und auch keine Anträge im Verfahren stellen. Auch bei einem amtsgerichtlichen Arzthaftungsprozess sollte sich der Patient aber anwaltlich vertreten lassen. Ohne anwaltliche Beratung wird der Patient nicht wissen, welche Anträge er gegenüber dem Gericht zu stellen hat oder in welcher Höhe ihm Schmerzensgeldansprüche zustehen.

GEGEN WEN IST DIE KLAGE ZU RICHTEN? WER IST DER RICHTIGE BEKLAGTE?

Grundsätzlich haftet bei einem Behandlungs- oder Pflegefehler der Vertragspartner des Patienten. Im Einzelfall kann dies bei Behandlungsfehlern kompliziert sein, da Ärzte, sei es in Praxen oder Krankenhäusern, häufig in größeren Einheiten zusammenarbeiten. Es kommt dann auf die rechtliche Ausgestaltung dieser Einheiten an.

- Einfach ist die Situation, wenn der Behandlungsfehler in der Einzelpraxis eines Arztes passiert ist. Hier ist die Klage gegen den Arzt zu richten.
- Komplizierter wird es bereits, wenn sich mehrere Ärzte in einer Praxis zusammengeschlossen haben. In diesem Fall ist zu unterscheiden: Liegt eine Gemeinschaftspraxis oder aber eine Praxisgemeinschaft vor?
- Bei einer Gemeinschaftspraxis wird die Gesellschaft Vertragspartnerin des Patienten. Begeht einer der Ärzte einen Fehler, so haften im Ergebnis alle Ärzte der Praxis gegenüber dem Patienten. Der Patient kann in diesem Fall seine Klage gegen die gesamte Praxis, aber auch gegen den einzelnen behandelnden Arzt richten.
- Bei einer Praxisgemeinschaft liegt eine andere Situation vor: Hier haben sich die Ärzte nur vor dem Hintergrund zusammengeschlossen, gemeinsam Räumlichkeiten, Apparate und/oder Personal zu nutzen. Den Vertrag mit dem Patienten schließt jeweils der einzelne Arzt. Hier wäre es also falsch, die Gesellschaft zu verklagen.

WIE KANN DER PATIENT ERKENNEN, OB ES SICH UM EINE GEMEINSCHAFTSPRAXIS ODER ABER UM EINE PRAXISGEMEINSCHAFT HANDELT?
Die Gemeinschaftspraxis ist in aller Regel daran zu erkennen, dass auf einem gemeinsamen Praxisschild die Namen sämtlicher Ärzte aufgeführt sind, die in der Praxis tätig sind. Entsprechendes gilt für Rezepte oder Rechnungen. Demgegenüber hat eine Praxisgemeinschaft regelmäßig kein gemeinsames Praxisschild, es sei denn, es wird ausdrücklich auf die Praxisgemeinschaft hingewiesen.

WAS GEHÖRT IN DIE KLAGESCHRIFT, WELCHE ANTRÄGE SIND ZU STELLEN?
Besondere Sorgfalt ist auf die Formulierung der Klageschrift zu verwenden, durch die der Rechtsstreit eingeleitet wird. Bei Arzthaftungsklagen bestehen einige Besonderheiten, auf die nachfolgend einzugehen ist.

Zunächst einmal muss der beauftragte Rechtsanwalt prüfen, welche Ansprüche überhaupt im konkreten Fall in Betracht kommen. An vorderster Stelle hierbei steht der Anspruch auf Schmerzensgeld; man spricht in diesem Zusammenhang auch vom immateriellen Schaden.

Wie ermittelt der Rechtsanwalt die Höhe des Schmerzensgeldes?
Es gibt verschiedene Tabellen, in denen je nach Verletzung, körperlicher Beeinträchtigung oder Krankheitsart Gerichtsurteile zu finden sind, die Schmerzensgeldbeträge ausgeurteilt haben. Diese sogenannten Schmerzensgeldtabellen geben einen ersten Einstieg. Der Rechtsanwalt muss die in den Tabellen benannten Fälle mit dem konkreten Fall vergleichen und Abweichungen herausarbeiten. Stellt er hierbei zum Beispiel einen längeren Krankenhausaufenthalt fest oder eine stärkere Beeinträchtigung nach einer Magenoperation, so kann dies die Höhe des Schmerzensgeldes beeinflussen.

Die Höhe des Schmerzensgeldes ist immer individuell zu bestimmen!
Die Schmerzensgeldtabelle gibt immer nur einen ersten Anhaltspunkt. Das konkrete Schmerzensgeld muss nach einer Prüfung mit Vergleichsurteilen individuell ermittelt werden. Hierfür bedarf es einer gewissen Erfahrung des zu beauftragenden Rechtsanwalts.

Grundsätzlich muss der Kläger einen bezifferten Klageantrag stellen. Bei Schmerzensgeldzahlungen ist dies in aller Regel anders. Der Kläger gibt nur einen gewissen Mindestbetrag an und stellt im Übrigen die Höhe des Schmerzensgeldes in das Ermessen des Gerichts. Dies hängt damit zusammen, dass das Schmerzensgeld eine sogenannte „billige Entschädigung“ im Sinne von § 253 Abs. 2 BGB ist, und das Gericht in diesem Fall berechtigt ist, den Schaden gemäß § 287 ZPO zu schätzen. Der Vorteil eines unbezifferten Klageantrages liegt darin, dass bei einem Unterliegen innerhalb gewisser Grenzen keine Kostennachteile für den Kläger entstehen.

Beispiel für die Kostentragungspflicht bei geringfügigem Unterliegen:
Der Kläger klagt 10.000,00 EUR ein, das Gericht spricht aber nur 9.000,00 EUR zu. Normalerweise müsste der Kläger in diesem Fall 1/10 der Verfahrenskosten tragen. Im Arzthaftungsprozess, bei unbestimmtem Klageantrag, erkennt die Rechtsprechung eine Marge von 2/10 an, innerhalb derer für den Kläger keine Kostennachteile entstehen. Im vorliegenden Fall müsste somit der Kläger keine Kosten tragen, obgleich das Gericht den von ihm benannten Mindestbetrag von 10.000,00 EUR nicht zugesprochen hat.

Neben dem Schmerzensgeldantrag ist gegebenenfalls ein weiterer Schadensersatzantrag zu stellen. Es handelt sich hier um den sogenannten materiellen Schaden. Hierunter fallen Erwerbsschäden, wie zum Beispiel der Verdienstausfall, Aufwendungen für Rezepte, Reha oder Folgebehandlungen, soweit sie nicht von der Krankenkasse bezahlt oder der Krankenversicherung erstattet wurden oder auch der Haushaltsführungsschaden. Der Schadenersatz ist im Gegensatz zum Schmerzensgeld präzise zu beziffern und muss im Einzelnen nachgewiesen werden.

WAS IST EIN FESTSTELLUNGSANTRAG?

Ein Feststellungsantrag spielt immer dann eine Rolle, wenn noch mit Spätfolgen zu rechnen ist. Dies kann zum Beispiel der Fall sein, wenn eine Behandlung noch nicht endgültig abgeschlossen ist, der Schaden noch nicht in vollem Umfang feststeht oder allgemein die Gefahr besteht, dass aufgrund der Verletzung in Zukunft Ereignisse entstehen, die derzeit noch nicht überschaubar sind.

- Der Feststellungsantrag dient einerseits der Verfahrensvereinfachung, denn bei einer späteren Verschlechterung steht aufgrund des Feststellungantrages und der hierauf ergangenen Verurteilung die Haftungsfrage fest. Es muss nur noch um die Höhe und Kausalität weiterer Zahlungen gestritten werden.
- Ferner dient der Feststellungsantrag dazu, den Eintritt der Verjährung zu verhindern. Stellt sich erst nach Prozessbeendigung und mehr als drei Jahre nach Eintritt des schädigenden Ereignisses heraus, dass es noch zu einem weiteren, bislang unbekannten Schaden gekommen ist, ist dieser Anspruch verjährt. Durch den Feststellungsantrag indes wird die Verjährung auch wegen noch unbekannter Folgeansprüche, Folgeschäden etc. gehemmt. Auf die Verjährungsproblematik wird an späterer Stelle eingegangen.
- Er kann zum Beispiel auch dann gestellt werden, wenn ein materieller Schadensersatz noch nicht abschließend beziffert werden kann und somit noch im „Werden“ begriffen ist. Der Vorteil in dieser Situation liegt darin, dass nach einer entsprechenden Verurteilung der Beklagte beziehungsweise die hinter ihm stehende Haftpflichtversicherung häufig eher geneigt sind, einen im Rahmen eines Feststellungsantrages geltend gemachten Schaden im Sinne des Geschädigten zu regulieren, als vor Gericht, wo alles genau bewiesen werden muss.
- Der Feststellungsantrag spielt daher im Arzthaftungsrecht eine ganz erhebliche Rolle und wird nahezu in jedem Verfahren gestellt.

Beispiel für Anträge im Arzthaftungsprozess:
Der Kläger beantragt:

1. die Beklagte zu verurteilen, an den Kläger ein in das Ermessen des Gerichts zu stellendes Schmerzensgeld in Höhe von wenigstens 10.000,00 EUR nebst Zinsen in Höhe von fünf Prozentpunkten über dem Basiszinssatz seit Rechtshängigkeit zu zahlen,
2. die Beklagte zu verurteilen, an den Kläger 1.897,00 EUR (Behandlungskosten) nebst Zinsen in Höhe von fünf Prozentpunkten über dem Basiszinssatz seit Rechtshängigkeit zu zahlen,
3. festzustellen, dass die Beklagte – vorbehaltlich eines Anspruchsüberganges – verpflichtet ist, dem Kläger allen materiellen und weiteren, zum Zeitpunkt der letzten mündlichen Verhandlung nicht absehbaren immateriellen Schaden aus der Behandlung vom ... bis ... zu ersetzen;

4. die Beklagte wird verurteilt, dem Kläger vorgerichtlich entstandene Rechtsverfolgungskosten in Höhe von ...... EUR nebst Zinsen in Höhe von fünf Prozentpunkten über dem Basiszinssatz seit Rechtshängigkeit zu ersetzen.

Die in den Anträgen teilweise enthaltene Verzinsung ist der sogenannte Verzugsschaden. Vor Erhebung der Klage sollte der Arzt beziehungsweise das Krankenhaus mittels eines Aufforderungsschreibens auf die beabsichtigte Haftungsinanspruchnahme hingewiesen werden. In dem Aufforderungsschreiben muss zwingend eine Frist gesetzt werden, binnen derer der Arzt beziehungsweise das Krankenhaus zumindest die Haftung dem Grunde nach anerkennen muss. Nach Ablauf dieser gesetzten Frist, die wenigstens 14 Tage betragen sollte, befindet sich der Arzt beziehungsweise das Krankenhaus in Verzug nach § 286 BGB und muss zusätzlich den sogenannten Verzugsschaden tragen.

WIE GESTALTET SICH DER WEITERE VERFAHRENSABLAUF?
Nach Einreichung der Klageschrift und Einzahlung der Gerichtskosten wird die Klageschrift dem Beklagten zugestellt. Gleichzeitig mit der Zustellung erhält der Beklagte die Aufforderung durch das Gericht, innerhalb von 14 Tagen eine Verteidigungsanzeige und innerhalb einer weiteren Frist von 2 – 6 Wochen eine Klageerwiderung bei Gericht einzureichen. Die Verteidigungsanzeige ist nur die schlichte Mitteilung, sich gegen die Klage verteidigen zu wollen. In der Klageerwiderung muss der Beklagte seine Verteidigungsmittel darlegen. Im Arzthaftungsprozess wird in der Klageerwiderung grundsätzlich der geltend gemachte Behandlungsfehler in Abrede gestellt und darauf hingewiesen, dass der bedauerliche Verlauf beim Kläger schicksalsbedingt war.

Auf die Klageerwiderung kann der Kläger nochmals antworten. Danach erlässt das Gericht in aller Regel einen Beweisbeschluss. In diesem Beschluss werden einerseits die Beweisfragen formuliert und andererseits der vom Gericht ausgewählte Sachverständige benannt. Mit der Übermittlung des Beweisbeschlusses wird der Kläger aufgefordert, den notwendigen Auslagenvorschuss für den Sachverständigen an das Gericht zu bezahlen. In der Regel handelt es hierbei um Beträge zwischen 1.500,00 EUR und 3.500,00 EUR, je nach Umfang und Schwierigkeitsgrad des Falles. Ferner werden die Parteien mit Übermittlung des Beweisbeschlusses aufgefordert, mitzuteilen, ob eventuell Gründe der Befangenheit bezüglich des ausgewählten Sachverständigen bestehen könnten.

Die Dauer der Erstellung eines Sachverständigengutachtens ist sehr unterschiedlich. Es muss aber wenigstens mit einer Bearbeitungszeit von drei Monaten, häufig auch sechs bis neun Monaten gerechnet werden. Das Gutachten wird nach Fertigstellung vom Gericht an die Parteien geschickt. Diese können sodann zu dem Gutachten Stellung nehmen.

Ein negatives Gutachten sollte angegriffen werden!
Fällt das Gutachten für den Patienten negativ aus, reduzieren sich seine Erfolgsaussichten drastisch. Der Arzthaftungsprozess ist ein Gutachterprozess. Das Gericht folgt also in aller Regel den Aussagen des Gutachters. Auch wenn der Patientenanwalt das Gutachten noch so überzeugend angreift, wird damit der Prozess in der Regel nicht gewonnen. Das Maximale, was der Anwalt in dieser Situation erreichen kann, ist, dass der Gutachter seine Aussagen relativiert und in der mündlichen Verhandlung vielleicht doch noch einen Behandlungsfehler einräumt. Ansonsten kann der Anwalt nur versuchen, Widersprüchlichkeiten oder offensichtliche Fehler in dem Gutachten aufzuzeigen, mit dem Ziel, dass das Gericht ein zusätzliches Gutachten in Auftrag gibt. Aus diesem Grunde ist es immer vorteilhaft, wenn der Patient noch ein weiteres Gutachten, sei es vom MDK oder einem Privatgutachter, hat, in welchem ein Behandlungsfehler anerkannt wird. Hiermit kann der Weg zu einem Ergänzungs- oder Zweitgutachten eröffnet werden.

Nach Eingang der Stellungnahmen der Parteien zu dem Gutachten wird das Gericht einen Termin zur mündlichen Verhandlung anberaumen. Zu diesem Termin wird grundsätzlich der Kläger persönlich geladen. Viele Richter wollen sich zu Beginn der mündlichen Verhandlung einen Eindruck vom Behandlungsgeschehen verschaffen und befragen aus diesem Grunde den Kläger zu dem Ablauf der Behandlung. Nach Anhörung der Klägerseite wird als nächstes der Sachverständige angehört. Hierbei besteht für die Parteien die Möglichkeit, direkt Fragen an den Gutachter zu richten. Mit Abschluss der Befragung des Gutachters gibt das Gericht in aller Regel einen Hinweis, wie es in der Angelegenheit zu entscheiden gedenkt. Häufig gibt das Gericht in dieser Situation auch den Hinweis sich gütlich zu einigen. Mitunter schlägt das Gericht auch einen konkreten Vergleichsbetrag vor, zumindest wird das Gericht insoweit tätig, wenn es von den Parteien darum gebeten wird.

Werden Vergleichsgespräche nicht aufgenommen oder scheitern diese, so verkündet das Gericht entweder am Ende der Sitzung oder in einem eigens anberaumten Verkündungstermin seine Entscheidung. Diese Entscheidung kann entweder ein weiterer Beweisbeschluss sein oder ein Urteil. Ein Beweisbeschluss ergeht dann, wenn das Gericht noch weiteren Aufklärungsbedarf, wie zum Beispiel ein weiteres Fachgutachten, sieht. Durch das Urteil hingegen wird die Instanz beendet.

WELCHE RECHTSMITTEL SIND MÖGLICH?
Gegen Urteile der Amts- und Landgerichte kann binnen Monatsfrist Berufung zum Land- beziehungsweise Oberlandesgericht eingelegt werden. Binnen eines weiteren Monats muss die Berufung begründet werden. Gegen die Urteile der Berufungsgerichte sind weitere Rechtsmittel nur dann möglich, wenn sie ausdrücklich durch das Berufungsgericht zugelassen werden (Revision). In der Regel ist dies nicht der Fall, es kommt dann nur noch die Nichtzulassungsbeschwerde in Betracht.

IX. Verjährung

Ansprüche aus Behandlungsfehlern oder Aufklärungsversäumnissen unterliegen grundsätzlich der dreijährigen Regelverjährung aus § 195 BGB. Die dreijährige Verjährungsfrist beginnt nach § 199 Abs. 1 BGB mit dem Schluss des Jahres, in dem der Anspruch entstanden ist UND der Gläubiger (Patient) von den anspruchsbegründenden Umständen und der Person des Schuldners Kenntnis erlangt oder ohne grobe Fahrlässigkeit hätte erlangen müssen.

Beispiel zur Verjährungsfrist:
Lag die Kenntnis des Patienten am 31.12.2021 bereits vor oder hätte sich der Patient die Kenntnis von Schaden und Schädiger bis dahin ohne weiteres verschaffen können (grob fahrlässige Unkenntnis, § 199 Abs. 1 Nr. 2 BGB), so verjähren die Ansprüche des Patienten mit Ablauf des 31.12.2024.

Eine Kenntnis von den anspruchsbegründenden Umständen und der Person des Schuldners ist zum Beispiel dann anzunehmen, wenn ein Nachbehandler einen eindeutigen Hinweis auf einen Behandlungsfehler macht (vergleiche OLG Saarbrücken, Urteil v. 18.5.2016 – 1 U 121/15).

Um eine Kenntnis des Patienten annehmen zu können, muss dem Patienten bekannt sei, dass sich in dem Misslingen der ärztlichen Tätigkeit das Behandlungs- und nicht das Krankheitsrisiko verwirklicht hat (BGH, Urteil v. 10.11.2009 – VI ZR 247/08). Ein Behandlungsfehler sowie dessen ursächliche Verknüpfung mit dem aufgetretenen Schaden muss für den Patienten als Laien zumindest naheliegen (OLG Jena, Urteil v. 5.6.2012 – 4 U 159/11).

Nicht erforderlich für den Beginn der Verjährungsfrist ist, dass der Patient bereits ein außergerichtliches Gutachten zur Hand hat, dass Behandlungsfehler eindeutig festgestellt hat.

Grob fahrlässige Unkenntnis ist zum Beispiel anzunehmen, wenn der Patient nach der Lage des konkreten Falles Ermittlungen im Hinblick auf sich aufdrängende Behandlungsfehler unterlässt und dieses Unterlassen unverständlich erscheint. Ferner wurde in der Rechtsprechung grob fahrlässige Unkenntnis angenommen, wenn sich aus einem Arztbericht laienverständlich eine aufklärungspflichtige Behandlungsalternative ergab und der Patient hierauf untätig blieb. Dem Patienten muss für die Annahme einer grob fahrlässigen Unkenntnis ein „schwerer Pflichtverstoß in eigenen Angelegenheiten“ vorgeworfen werden können, weil sich ihm die den Anspruch begründenden Umstände förmlich aufgedrängt haben, er aber davor die Augen verschlossen hat
(BGH, Urteil v. 26.5.2020 - VI ZR 186/17).

HEMMUNG DER LAUFENDEN VERJÄHRUNGSFRIST:
Hat die dreijährige Verjährungsfrist aufgrund der Kenntnis beziehungsweise der grob fahrlässigen Unkenntnis des Patienten begonnen zu laufen, so kann die Verjährung der Ansprüche gehemmt werden.

Nach § 204 Abs. 1 BGB hemmen unter anderem folgende Maßnahmen die Verjährung der Arzthaftungsansprüche:

- Klageerhebung (Nr. 1)
- Zustellung des Mahnbescheides (Nr. 3)
- Durchführung eines Schlichtungsverfahrens (Nr. 4b), zum Beispiel bei einer Gutachterkommission oder einer Schlichtungsstelle für Arzthaftpflichtfragen
- Zustellung eines Antrages auf Durchführung eines selbstständigen Beweisverfahrens (Nr. 7)
- Veranlassung der Bekanntgabe eines Prozesskostenhilfe-Antrages (Nr. 14)

Keine Hemmung der Verjährung zivilrechtlicher Ansprüche bewirkt die Einleitung eines polizeilichen Ermittlungsverfahrens gegen einen beschuldigten Arzt. Vor diesem Hintergrund ist es Patienten nicht zu empfehlen, zunächst den – für den Patienten regelmäßig negativen – Ausgang eines Straf- bzw. Ermittlungsverfahrens gegen einen Arzt abzuwarten ohne zuvor eine Verjährungsverzichtserklärung der in Betracht kommenden Ärzte beziehungsweise deren Haftpflichtversicherer eingeholt zu haben.

Ferner wird die Verjährungsfrist durch Verhandlungen der Parteien (beispielsweise mit der Haftpflichtversicherung) gehemmt (§ 203 BGB). Für die Annahme von Verhandlungen genügt jeder Meinungsaustausch über den Schadenfall, sofern nicht sofort und eindeutig jeder Ersatz abgelehnt wird (BGH, Urteil v. 26.10.2006 – VII ZR 194/05).

Die Hemmung der Verjährung endet sechs Monate nach der rechtskräftigen Entscheidung oder anderweitigen Beendigung des eingeleiteten Verfahrens. Stellt zum Beispiel die Gutachterkommission einen Behandlungsfehler fest, endet die durch das Gutachterverfahren eingetretene Hemmung der Verjährung sechs Monate nach der Beendigung des Verfahrens.

Die Verjährung kommt also mit Eintritt des Hemmungsgrundes zum Stillstand und läuft erst nach dessen Wegfall weiter. Die Zeit der Hemmung wird daher aus der Frist des § 195 BGB herausgerechnet. Diese Frist wird für die Zeit der eingetretenen Hemmung gewissermaßen verlängert.

Lassen Sie sich beraten, sobald Sie einen Verdacht auf einen Behandlungsfehler haben!
Das Verjährungsrecht ist für den juristischen Laien kaum zu überblicken. Um das Risiko zu umgehen, dass die Verjährungsfrist unbemerkt aufgrund einer juristisch anzunehmenden Kenntnis beziehungsweise grob fahrlässigen Unkenntnis zu laufen beginnt und berechtigte Ansprüche möglicherweise wegen Verjährung nicht mehr durchsetzbar sind, sollte der Patient bei Vorliegen eines Behandlungsfehlerverdachtes oder bei Verdacht auf ein Aufklärungsversäumnis zeitnah fachanwaltlichen Rat einholen. Der Fachanwalt für Medizinrecht kann dann zeitnah verjährungshemmende Maßnahmen – zum Beispiel Einholung einer Verjährungsverzichtserklärung des Haftpflichtversicherers – einleiten und hierdurch das Risiko einer Verjährung von Ansprüchen ausschalten.

X. Welche Kosten entstehen bei einem Gerichtsverfahren?

Es gibt wohl keinen Bereich des täglichen Lebens, in dem eine Rechtsschutzversicherung so wichtig ist, wie im Arzthaftungsrecht. Die Kosten der Rechtsverfolgung bei ärztlichen Behandlungsfehlern können immens hoch sein. Dies hat zwei Gründe:

- Zum einen sind die Streitwerte in der Regel hoch, da es häufig neben dem Schmerzensgeld auch um materielle Schäden, wie zum Beispiel

einen Verdienstausfall, aber auch um zukünftige Schäden, wie zum Beispiel Pflegekosten, geht.
- Zum anderen muss der Patient bis zum Abschluss der ersten Instanz in Vorleistung gehen, das heißt, er hat nicht nur seinen eigenen Rechtsanwalt zu bezahlen, sondern auch die Gerichtskosten und vor allem die Kosten des Sachverständigen.

Bei schwierigen und umfangreichen Arzthaftungsprozessen können für den Patienten ohne weiteres Vorlaufkosten im fünfstelligen Bereich anfallen. Diesen Betrag muss der Patient unter Umständen über eine mehrjährige Zeitdauer vorfinanzieren.

Beispiel zu den Kosten der Rechtsverfolgung:
Soll in einem Gerichtsverfahren ein Schmerzensgeld von 40.000,00 EUR geltend gemacht werden, so können für den Patienten bei einem vollständigen Unterliegen die folgenden Kosten entstehen:

- Außergerichtliche Rechtsanwaltsgebühren:	2.010,60 EUR
- Gerichtskosten:	1.575,00 EUR
- Rechtsanwaltsgebühren Gerichtsverfahren	
- Reduzierte Verfahrensgebühr nach Anrechnung	614,35 EUR
- Terminsgebühr	1.340,40 EUR
- Gutachtervorschuss	2.000,00 EUR
Gesamt:	7.540,35 EUR

Mit dem vorgenannten Betrag von 7.540,35 EUR muss der Patient also bis zur Beendigung des Rechtsstreits in Vorlage treten. Der vorgenannte Betrag kann sich allerdings noch erhöhen, soweit ein höherer Vorschuss für den Gutachter vom Gericht angefordert wird. Ferner ist auch möglich, dass das Gericht nicht nur ein, sondern mehrere Gutachten einholt. Im vorliegenden Beispiel wurde von einer reduzierten Verfahrensgebühr ausgegangen, da der Patient bereits die außergerichtliche Tätigkeit des Rechtsanwaltes bezahlt hatte. In diesen Fällen kommt es zu einer Anrechnung auf die spätere Verfahrensgebühr, sodass diese sich reduziert.

DIE RECHTSSCHUTZVERSICHERUNG MUSS BEREITS ZUM ZEITPUNKT DES VERMUTETEN BEHANDLUNGSFEHLERS BESTEHEN!
Von besonderer Bedeutung ist, dass die Rechtsschutzversicherung bereits im Zeitpunkt des Behandlungsfehlers bestanden haben muss und eventuell mit der Versicherung vereinbarte Karenzzeiten zu diesem Zeitpunkt bereits abgelaufen war. Der nachträgliche Abschluss einer Rechtsschutzversicherung führt zu keiner Eintrittsverpflichtung der Versicherung.

Der Patient kann die vorstehenden Kosten vermeiden, wenn er im Zeitpunkt des Schadenereignisses (der fehlerhaften Behandlung) rechtsschutzversichert ist. Die Rechtsschutzversicherung, es reicht insoweit der Abschluss einer normalen Familienrechtsschutzversicherung, kommt für alle Kosten des Verfahrens auf, unabhängig davon wie das Verfahren verläuft und zu welchem Ergebnis es führt. Der Patient muss in diesen Fällen nur eine eventuell vereinbarte Selbstbeteiligung (in der Regel 150,00 EUR) und Kopierkosten für die Einholung seiner Patientendokumentation bezahlen.

WER IST DURCH DIE RECHTSSCHUTZVERSICHERUNG ABGESICHERT?
Durch die Rechtsschutzversicherung ist nicht nur der Versicherungsnehmer, sondern auch seine Familienangehörigen mitversichert. Hierzu zählen auch Kinder, soweit sie noch im Haushalt leben und sich noch in der Ausbildung befinden.

WAS IST ZU TUN, WENN KEINE RECHTSSCHUTZVERSICHERUNG VORHANDEN IST UND DIE KOSTEN FÜR DAS VERFAHREN VOR GERICHT NICHT GETRAGEN WERDEN KÖNNEN?
Zunächst kann geprüft werden, ob Prozesskostenhilfe eingreift. Diese wird Patienten gewährt, die wirtschaftlich nicht in der Lage sind, die erforderlichen eigenen Anwaltskosten und Gerichtskosten für den Prozess aufzubringen.

Prozesskostenhilfe wird grundsätzlich nur auf Antrag gewährt. Der Antrag ist schriftlich oder zu Protokoll bei der Geschäftsstelle beziehungsweise in einem Gerichtstermin zu stellen. Die Verwendung der amtlichen Formulare, in denen die wirtschaftlichen Verhältnisse ausführlich darzulegen sind, ist vorgeschrieben. Prozesskostenhilfe wird nur bewilligt, wenn die wirtschaftliche Bedürftigkeit des Antragstellers festgestellt wird. Die genauen Berechnungsmodalitäten können im Einzelfall kompliziert sein. Der Bezug von laufenden Leistungen nach dem SGB II oder SGB XII stellt jedoch stets ein Indiz für die Bedürftigkeit dar. Ferner darf die Rechtsverfolgung nicht mutwillig erscheinen, das bedeutet, das Gericht nimmt vor Bewilligung von Prozesskostenhilfe eine oberflächliche Prüfung der Erfolgsaussichten vor.

Prozesskostenhilfe birgt auch Kostenrisiken!
Oft wird übersehen, dass die Prozesskostenhilfe auch mit Risiken für den Patienten verbunden ist: Aufgrund der Prozesskostenhilfe wird nur der eigene Rechtsanwalt bezahlt und die Gerichts- und Sachverständigenkosten übernommen. Wird der Prozess dann allerdings verloren, wird die Gegenseite ihre Kosten gegenüber dem Patienten geltend machen. Diese Kosten, die je nach Streitwert ebenfalls mehrere tausend Euro betragen können, werden von der Prozesskostenhilfe nicht getragen.

Kommt Prozesskostenhilfe nicht in Betracht, etwa weil die Einkommensgrenzen überschritten werden oder anrechnungsfähiges Vermögen, wie zum Beispiel Grundbesitz, vorhanden ist, sollte über eine Prozessfinanzierung nachgedacht werden.

Es gibt in Deutschland mehrere Prozessfinanzierer, die nach einer ausführlichen Überprüfung des Sachverhaltes sämtliche Kosten des Gerichtsverfahrens einschließlich Rechtsanwaltsgebühren und Sachverständigenkosten übernehmen. Im Erfolgsfall beanspruchen sie dann aber im Regelfall wenigstens 30 % der ausgezahlten Beträge. Wird der Prozess hingegen verloren, so stehen dem Prozessfinanzierer keine Ansprüche gegenüber dem Patienten zu. Die gesamte Prozessführung erfolgt daher allein auf Risiko des Prozessfinanzierers.

Zusammenfassung:

- Der Arzt schuldet keinen Erfolg der Behandlung! Tritt der Heilerfolg nicht ein, ist nicht automatisch ein Behandlungsfehler anzunehmen.
- Auch wenn sich die gestellte Diagnose nachträglich als falsch herausstellt, ist von einem Behandlungsfehler nicht auszugehen, wenn die Diagnose in der konkreten Behandlungssituation zumindest vertretbar war (Diagnoseirrtum).
- Hohe Erfolgsaussichten der Rechtsverfolgung bestehen, wenn eine unterlassene Befunderhebung und/oder ein grober Behandlungsfehler anzunehmen sind, da dann eine Beweislastumkehr für die Ursächlichkeit des Behandlungsfehlers für den eingetretenen Gesundheitsschaden eintritt.
- Besteht der Verdacht, dass eine Behandlung fehlerhaft war, sollte sich der Patient frühzeitig fachanwaltlich beraten lassen.

Meine Rechte beim Zahnarzt

In dem fünften Kapitel werden wir die rechtlichen Besonderheiten der Zahnarztbehandlung beleuchten und einen Überblick über die besonderen Ansprüche und Pflichten des Patienten verschaffen. Darüber hinaus erläutern wir das spezielle System der Übernahme der Behandlungs- und Versorgungskosten bei GKV-Patienten.

5. Meine Rechte beim Zahnarzt

I. Welche Leistungen zahlt die gesetzliche Krankenversicherung?

Weite Bereiche der Zahnheilkunde sind heute vollständig oder zum Teil im Leistungskatalog der gesetzlichen Krankenversicherung enthalten. Nachfolgend wird ein Überblick über die einzelnen Leistungen für GKV-Patienten gegeben:

ZAHNVORSORGE:

- Bei Erwachsenen werden zwei zahnärztliche Kontrolluntersuchungen pro Jahr und eine Zahnsteinentfernung übernommen.
- Alle zwei Jahre werden die Kosten einer Früherkennung von Parodontitis übernommen.
- Bei Kindern beginnt die gesetzliche Zahnvorsorge bereits ab dem sechsten Lebensmonat. Somit haben Kinder bis zum sechsten Lebensjahr Anspruch auf sechs Früherkennungsuntersuchungen.
- Ab dem sechsten Lebensmonat dokumentiert der Kinderarzt im gelben Kinderuntersuchungsheft einen Verweis zum Zahnarzt von der U 5 bis zur U 9.

ZAHNFÜLLUNGEN:

LASSEN SIE SICH HINSICHTLICH DER ZUSÄTZLICHEN KOSTEN FÜR EINE HOCHWERTIGERE BEHANDLUNG VON IHREM ZAHNARZT BERATEN!
Wenn der Patient eine teure, kostenpflichtige Füllung wählt, übernimmt die gesetzliche Krankenkasse immer noch die Kosten der gesetzlichen Alternative. Der Patient muss nur die Differenz bezahlen.

- Im Frontzahnbereich werden Komposit-Füllungen aus Kunststoff und im Seitenbereich Amalgamfüllungen übernommen. Wer eine Amalgam-Allergie nachweisen kann, Schwanger ist oder das fünfzehnte Lebensjahr noch nicht vollendet hat, kann auch im Seitenzahnbereich Kunststofffüllungen erhalten.

WURZELBEHANDLUNGEN:

- Zum Leistungsumfang gehört sowohl die Wurzelbehandlung als auch die Entfernung der Wurzelspitzen. Dies gilt allerdings nur dann, wenn der Zahn erhaltungswürdig ist.
- Das Reinigen, Befüllen und Verschließen der Wurzelkanäle gehört zum Leistungsumfang.

ZAHNFEHLSTELLUNGEN-KIEFERORTHOPÄDIE:

- Bei Kindern bis zur Vollendung des 18. Lebensjahres prüft der Kieferorthopäde die Schwere der Zahnfehlstellung. Es folgt eine

Einordnung in fünf unterschiedliche Indikationsgruppen. Ab Gruppe drei tragen die gesetzlichen Krankenkassen die Kosten für die Behandlung. Die Behandlung besteht entweder in der Anpassung einer herausnehmbaren Spange aus Kunststoff mit Metallbügeln oder einer festen Spange mit Edelstahl-Brackets.

- Ferner werden die Kosten für die Stabilisierungsphase übernommen. Diese sogenannte Retentionsphase dient dazu, dass erreichte Ergebnis für die Zukunft zu sichern.
- Bei Erwachsenen wird die kieferorthopädische Behandlung nur bei schweren Kieferfehlstellungen übernommen, die zusätzlich auch kieferchirurgische behandelt werden müssen.
- Bei Kindern müssen die Eltern zunächst eine Kostenbeteiligung von 20 % bezahlen, erhalten diesen Betrag aber bei erfolgreichem Abschluss der Behandlung zurückerstattet. Bei mehreren Kindern, die gleichzeitig in kieferorthopädischer Behandlung sind, müssen die Eltern lediglich mit 10 % in Vorleistung treten.

ZAHNERSATZ:

- Es wird ein sogenannter Festzuschuss bezahlt. Dieser geht vom zahnärztlichen Befund aus. Jedem Befund wird eine Regelleistung zugeordnet. Von den Kosten dieser Regelversorgung trägt die Krankenkasse seit dem 1.10.2020 60 %. Bei Kronen oder Brücken im Seitenzahnbereich besteht die Regelversorgung zum Beispiel in einer Nicht-Edelmetall-Versorgung.

II. Besonderheiten bei der Zahnarzthaftung

Grundsätzlich haftet der Zahnarzt nach den üblichen Grundsätzen der Arzthaftung. Gleichwohl gibt es einige Besonderheiten. Diese Besonderheiten resultieren zum einen daraus, dass manche Leistungen des Zahnarztes nicht von der gesetzlichen Krankenkasse übernommen werden und zum anderen aus dem Umstand heraus, dass der Zahnarztvertrag, im Gegensatz zu dem üblichen ärztlichen Behandlungsvertrag sowohl Elemente des Werk- als auch des Dienstvertrages beinhalten kann.

Der gewöhnliche ärztliche Behandlungsvertrag stellt einen Dienstvertrag dar. Der Arzt schuldet keinen bestimmten Erfolg, sondern nur eine Behandlung, die den medizinischen Standards entspricht. So verhält es sich zunächst auch beim Zahnarzt: Extrahiert der Zahnarzt einen Zahn,

DER ZAHNARZT HAT EIN RECHT AUF NACHBESSERUNG!
Wird die Anfertigung von Zahnersatz moniert, muss der Patient dem Zahnarzt grundsätzlich die Möglichkeit einräumen, den Zahnersatz nachzubessern oder sogar neu anzufertigen. Anderenfalls läuft der Patient Gefahr auf den Kosten der Zahnbehandlung sitzen zu bleiben oder sich sogar noch weiteren Kosten für die notwendige Nachbehandlung auszusetzen.

um den Patienten von Schmerzen zu befreien, liegt ein Dienstvertrag vor. Anders sieht es aus, wenn der Zahnarzt die Anfertigung einer Prothese schuldet. Hier schuldet der Zahnarzt einen bestimmten Erfolg, nämlich, dass die Prothese gut sitzt, optisch ansprechend ist und zu den übrigen Zähnen passt. In diesem Fall schuldet der Zahnarzt die Herstellung eines Werkes, es liegt also kein Dienst-, sondern ein Werkvertrag vor. Bei Werk- und Dienstvertrag ist das Gewährleistungsrecht unterschiedlich geregelt. Bein Werkvertrag hat der Zahnarzt im Gegensatz zum Dienstvertrag ein Recht zur Nachbesserung, notfalls auch das Recht zur Neuherstellung. Für die Qualität des hergestellten Werkes haftet der Zahnarzt über einen Zeitraum von zwei Jahren.

Häufig ist es schwierig abzugrenzen, ob die beanstandete Leistung des Zahnarztes mehr dienst- oder werkvertragliche Elemente enthält. Hat es zum Beispiel der Zahnarzt vor dem Einsetzen einer Krone unterlassen, den betreffenden Zahn einer notwendigen Kariesbehandlung zu unterziehen, so kann es zweifelhaft sein, ob im konkreten Fall der Patient einer Nachbesserung zustimmen muss oder nicht. Die Kariesbehandlung stellt einen Dienstvertrag dar, der keine Nachbesserung kennt und jederzeit durch den Patienten gekündigt werden kann. Demgegenüber sind die Anfertigung und das Einsetzen der Krone ein Werkvertrag, wofür dem Zahnarzt grundsätzlich das Recht zur Nachbesserung bis hin zur Neuanfertigung der Krone zusteht.

Oftmals stellt es für Patienten eine erhebliche Belastung dar, wenn sie zum wiederholten Mal den Zahnarzt, zu dem sie mittlerweile ohnehin das Vertrauen verloren haben, erneut aufsuchen müssen, damit dieser eine erneute Nachbesserung durchführt. In diesem Zusammenhang stellt sich auch die weitere Frage, wie viele Nachbesserungsversuche dem Zahnarzt zustehen sollen? Die letzte Frage wird von der Rechtsprechung nicht einheitlich beantwortet. In einem Extremfall hat es das OLG Köln als angemessen angesehen, dass sich der Patient 17 Nachbesserungsversuchen des Zahnarztes unterzogen hatte.

Notieren Sie sich genau, wie häufig Sie sich zu Nachbesserungen bereits vorgestellt haben!

Für die Rechtsprechung ist das besondere Vertrauensverhältnis zwischen Patienten und Zahnarzt von besonderer Bedeutung. Die Rechtsprechung fragt also danach, ob es dem Patienten im konkreten Fall noch zumutbar ist, weitere Nachbesserungen über sich ergehen lassen zu müssen. Patienten sollten sich daher die einzelnen Nachbesserungstermine genau aufschreiben, damit sie diese dem Zahnarzt bei einer späteren Auseinandersetzung vorhalten können.

Begutachtung durch die Krankenkasse einholen!
Es ist dringend zu empfehlen, sich bei Problemen mit dem Zahnarzt frühzeitig mit der gesetzlichen Krankenversicherung in Verbindung zu setzen: Handelt es sich um eine Kassenleistung, so leitet die gesetzliche Krankenversicherung in der Regel ein Begutachtungsverfahren ein. Dieses Verfahren ist für Patienten kostenlos. Bestätigt das Gutachten Mängel der zahnärztlichen Leistung, beispielsweise der Zahnprothese, hat der Patient grundsätzlich Anspruch auf Nachbesserung oder auch Neuanfertigung. Häufig stellt die Krankenversicherung gleichzeitig fest, ob der Patient berechtigt ist, sich einen neuen Zahnarzt suchen. Andernfalls sollte der Patient seine gesetzliche Krankenversicherung darauf ansprechen, ob einem Behandlerwechsel seitens der Kasse zugestimmt wird. Liegt eine entsprechende Zustimmung vor, kann der Patient problemlos zu einem neuen Zahnarzt wechseln und dort die Behandlung fortsetzen lassen. Private Krankenkassen bieten grundsätzlich kein kostenloses Begutachtungsverfahren an. Hier muss der Patient selbstständig entscheiden, wie lange er seinem Zahnarzt noch das Recht zur Nachbesserung einräumen will. Auch hier ist aber zu empfehlen, rechtzeitig Kontakt mit der Krankenkasse aufzunehmen.

Es versteht sich von selbst, dass bis zum Abschluss des Mängelbegutachtungsverfahrens durch die Krankenkasse seitens des Patienten keine Änderungen am Zahnersatz vorgenommen werden dürfen. Hiervon ausgenommen sind nur Behandlungen, die zur aktuellen Schmerzlinderung notwendig sind. Auch in diesen Fällen sollte aber unbedingt Rücksprache mit der Krankenkasse genommen werden.

Steht einem Patienten wegen fehlerhafter Behandlung durch den Zahnarzt ein Schadenersatzanspruch zu, kann der Patient entweder das Honorar des Zahnarztes zurückfordern oder die Kosten einer Nachbehandlung als Schadenersatz geltend machen. Wurde die Nachbehandlung durch einen „neuen" Zahnarzt noch nicht durchgeführt, kann der Patient lediglich einen Anspruch gegen den vorbehandelnden Zahnarzt auf Freistellung von zukünftigen Behandlungskosten geltend machen. Beide Ansprüche nebeneinander – Rückforderung des bereits bezahlten Honorars und Kostenerstattung der Nachbehandlung bzw. Freistellung von zukünftigen Kosten – kann der Patient nicht beanspruchen, weil dies auf eine dann insgesamt kostenfreie Behandlung hinauslaufen würde. Schmerzensgeldansprüche, die infolge der nicht passenden Prothese entstanden sein können, bleiben hiervon selbstverständlich unberührt.

KLASSIKER DER ZAHNARZTHAFTUNG:
Besonders häufige Fehler in der Zahnarztbehandlung liegen in folgenden Fällen vor:

- Das Eingliedern einer Prothese ist grob fehlerhaft, wenn die zu deren Verankerung eingebrachten Implantate wegen fortgeschrittenen Knochenabbaus des Kiefers keinen genügenden Halt bieten.
- Bei der Überkronung von Zähnen muss die beschliffene Zahnsubstanz von der künstlichen Krone abgedeckt werden.
- Abstehende Kronenränder, das ist die Stufe zwischen den natürlichen Zähnen und der künstlichen Krone, müssen vor der Eingliederung beseitigt werden.
- Bei länger bestehenden Schmerzen nach der Extraktion eines Weisheitszahnes muss der Zahnarzt eine Kontrollröntgenaufnahme anfertigen.
- Der Zahnarzt nimmt eine Überkronung vor, ohne zuvor die Karies an dem betreffenden Zahn beseitigt zu haben.

Zusammenfassung:

- Die zahnärztliche Behandlung kann Elemente vom Dienst- und Werkvertrag beinhalten
- Ist das Werk (zum Beispiel die Prothetik) mangelhaft, hat der Zahnarzt ein Recht zur Nachbesserung. Der Patient ist dann grundsätzlich – auch mehrfach – verpflichtet, dem Zahnarzt eine entsprechende Nachbesserung zu ermöglichen
- Ist die Nachbesserung gescheitert, hat der Patient ein Wahlrecht: Er kann das bereits gezahlte Honorar gegenüber dem „gescheiterten" Zahnarzt zurückfordern oder die Kosten des Nachbehandlers ersetzt beziehungsweise – bei noch nicht durchgeführter Nachbehandlung – Freistellung von zukünftigen Versorgungs- und Behandlungskosten verlangen

6 Der Heilpraktiker

Das sechste Kapitel stellt das Berufsbild des Heilpraktikers und die Unterschiede zum approbierten Arzt vor.

6. Der Heilpraktiker

I. Der Unterschied zwischen Arzt und Heilpraktiker

Das Berufsbild des Heilpraktikers umfasst die allgemeine Heilkundeausübung. Vom Arzt unterscheidet er sich dadurch, dass für ihn keine Ausbildung vorgeschrieben ist und er die Heilkunde ohne staatliche Approbation ausübt. Die Befugnisse des Heilpraktikers sind durch Gesetze und Verordnungen gegenüber denen eines Arztes eingeschränkt. Der Heilpraktiker darf verschreibungspflichtige Medikamente nicht verordnen, Geburtshilfe nicht betreiben und auch gemäß Infektionsschutzgesetz bestimmte Infektionskrankheiten nicht behandeln. Er darf auch keine Krankenhauseinweisungen, Reha-Maßnahmen oder Krankenbeförderungen verordnen. Eine Abrechnung mit der gesetzlichen Krankenkasse ist für den Heilpraktiker nicht möglich. Folglich werden seine Leistungen von der gesetzlichen Krankesse nicht erstattet. Bei privaten Krankenversicherungen ist dies teilweise anders. Auch hier sollte sich der Patient aber vor Beginn der Behandlung bei seiner Krankenversicherung erkundigen.

II. Wann sucht man einen Heilpraktiker auf?

Im Unterschied zu Ärzten, die konkrete Symptome behandeln, nimmt der Heilpraktiker eine ganzheitliche Betrachtung ein. Er ist bemüht, der Ursache der Krankheit auf die Spur zu kommen, um ein erneutes Aufflammen einer Erkrankung zu verhindern und gänzliche Heilung zu erreichen. Der Heilpraktiker bedient sich insbesondere pflanzlichen, homöopathischen (Globuli und Tinkturen), isotherapeutischen oder mikrobiologischen Arzneimitteln. Gleichzeitig werden auch noch manuelle Methoden, wie die Chiropraktik, Osteopathie, Massagen oder die Triggerpunkt-Therapie eingesetzt. Ferner optimieren viele Heilpraktiker auch die Nahrung des Patienten.

Zusammenfassung:

- Die Behandlungsbefugnisse des Heilpraktikers sind im Vergleich zu denjenigen eines approbierten Arztes erheblich eingeschränkt.
- Die gesetzlichen Krankenkassen übernehmen die Kosten einer Behandlung durch einen Heilpraktiker nicht

Besonderheiten bei Schönheitsoperationen

Das siebente Kapitel stellt die rechtlichen Besonderheiten im Zusammenhang mit kosmetischen Operationen dar. Hier wird insbesondere auf die gesteigerten Aufklärungspflichten des Arztes eingegangen

Auch der Vertrag über die Durchführung einer Schönheitsoperation (kosmetische Operation) ist nach ständiger Rechtsprechung ein Dienstvertrag. Das bedeutet, dass der Arzt auch bei einer Schönheitsoperation nicht für den Erfolg seiner Leistung einsteht. Im Zweifel ist auch die Erklärung des Arztes, dass ein bestimmter Erfolg eintreten wird, nicht als Angebot zum Abschluss eines Werkvertrages anzusehen. Hat der Arzt den kosmetischen Eingriff nach den geltenden fachmedizinischen Standards (lege artis) durchgeführt, steht ihm grundsätzlich der Honoraranspruch auch dann zu, wenn der beabsichtigte Erfolg ausgeblieben ist oder der Patient mit dem kosmetischen Ergebnis nicht zufrieden ist.

Eine besondere Rolle spielt bei Schönheitsoperationen die Aufklärung des Patienten. Die Rechtsprechung verlangt hier eine „schonungslose" Aufklärung, da viele Patienten sich freiwillig und ohne medizinische Notwendigkeit (Indikation) behandeln lassen. Der Patient muss in diesen Fällen genau wissen, worauf er sich einlässt und welche Risiken bestehen.

Beispiel für aufklärungspflichtige Risiken:
Bei Fettabsaugung im Bereich der Beine muss der Arzt auf möglicherweise entstehende kosmetische Nachteile, wie zum Beispiel das Risiko von vorübergehenden oder dauerhaften Dellenbildungen, hinweisen. Ebenso muss der Patient bei Bauchfettabsaugungen (Liposuktion) auf unregelmäßige Konturen, Hautfaltenüberschüsse oder Dellen hingewiesen werden. Bei Brustoperationen zur Vergrößerung oder Verkleinerung der Brüste muss auf hässliche Narben, Sensibilitätsstörungen und eventuell erforderliche Nachoperationen hingewiesen werden. Je nach Operationstechnik und Schnittführung muss die Patientin auch auf das Risiko des postoperativen Absterbens der Brustwarzen hingewiesen werden. Bei einer LASIK-Operation muss der Augenarzt den Patienten insbesondere über das Risiko einer erheblichen und dauerhaften Verschlechterung des Sehvermögens bis hin zur Erblindung aufklären. Fehlt es an der entsprechenden Aufklärung und realisiert sich das Risiko, über das nicht aufgeklärt wurde, so gilt folgendes: Kann der Patient zur Überzeugung des Gerichts darlegen, dass er von der Schönheitsoperation Abstand genommen hätte, wenn er umfassend aufgeklärt worden wäre, so entfällt der Honoraranspruch des Arztes. Möglicherweise stehen dem Patienten in diesem Fall auch noch weitergehende Schmerzensgeld- und Schadenersatzansprüche zu.

Die gesetzlichen Krankenkassen bezahlen keine Schönheitsoperationen, da diese Eingriffe nicht medizinisch erforderlich sind. Ein Problem liegt in diesem Zusammenhang häufig darin, dass bei einer fehlgeschlagenen Schönheitsoperation häufig Folgeoperationen erforderlich sind, um das unbefriedigende Ergebnis zu korrigieren. In dieser Situation besteht die Gefahr, dass die gesetzliche Krankenkasse auch die Folgekosten von weiteren Operationen ablehnt. Der Patient, der häufig für eine bestimmte Schönheitsoperation gespart hat, sieht sich nun massiven finanziellen Belastungen ausgesetzt.

Wählen Sie Ihren Schönheitschirurgen sorgfältig aus und seien Sie zurückhaltend mit kosmetischen Operationen im Ausland!

Bei der Auswahl eines „Schönheitschirurgen" sollte man sich umfassend informieren. Mit Schönheitsoperationen wird viel Geld verdient, so dass der Anreiz auch für nicht besonders qualifizierte Ärzte gegeben ist, entsprechende Eingriffe durchzuführen. Der Begriff „Schönheitschirurg" ist gesetzlich nicht geschützt; jeder Arzt, der sich entsprechende Eingriffe zutraut, kann sich so nennen. Demgegenüber ist der „Facharzt für plastische und ästhetische Chirurgie" eine eigene Zusatzqualifikation für plastische Operationen. Der Arzt, der diese Bezeichnung führt, hat eine zusätzliche Ausbildung durchlaufen.

Häufig finden Schönheitsoperationen im Ausland, insbesondere im außereuropäischen- beziehungsweise osteuropäischen Ausland statt. Hier ist besondere Vorsicht angezeigt. Eine im Ausland durchgeführte Haartransplantation kann zum Beispiel misslingen, wenn nicht genügend Haarfollikel verpflanzt werden oder schmerzende Narben zurückbleiben. Bei einer Brustvergrößerung können minderwertige Implantate zum Einsatz gelangen, so dass es zu Rissen oder sogar einem Auslaufen des Implantates kommt. In all diesen Fällen ist der Patient weitestgehend rechtlos gestellt. Ein deutsches Gericht kann ihm in diesen Fällen nicht helfen. Zuständig sind vielmehr die Gerichte am Ort der Schönheitsoperation. Es wird auch nicht deutsches Recht, sondern das Recht des Gerichtsortes angewandt. Ein deutscher Rechtsanwalt kann daher diesem Patienten nicht helfen, da er das ausländische Recht nicht kennt und vor dem ausländischen Gericht auch nicht auftreten darf. Der geschädigte Patient kann somit nur am Ort der Schönheitsoperation gerichtlich gegen den Arzt vorgehen. Dies ist häufig mit erheblichen Kosten und einer großen Rechtsunsicherheit verbunden.

Zusammenfassung:

- Es ist dringend zu empfehlen, dass sich Patienten vor der Durchführung von kosmetischen Eingriffen eingehend über die Qualifikation und Expertise des ausgewählten Operateurs informieren.
- Fragen Sie im Rahmen des Aufklärungsgespräches kritisch nach, ob Ihre Wünsche und Ziele, die Sie mit der Operation verbinden, realistisch und erreichbar sind. Auf diese Weise können postoperative Enttäuschungen und Konflikte vermieden werden.
- Seien Sie zurückhaltend mit Operationen im Ausland. Bedenken Sie, dass in vielen Ländern deutsche Standards nicht gelten.

Anhang

Das achte und letzte Kapitel beinhaltete einen Auszug der Schmerzensgeldtabelle, um dem Leser einen Überblick zu verschaffen. Ferner reichen wir hilfreiche Adressen zur Hand und geben einen Überblick über häufige medizinische Fachausdrücke.

8. Anhang

I. Schmerzensgeldtabelle (von Kopf bis Fuß)

Nachfolgend werden für einzelne Verletzungen/Behandlungsfehler von deutschen Gerichten ausgeurteilte Schmerzensgeldbeträge vorgestellt. Die jeweiligen Beträge können aber stets nur einen ersten Anhaltspunkt liefern. Es wird jeweils individuell der Einzelfall betrachtet, der erheblich von den nachfolgend vorgestellten Fällen abweichen kann.

1. Kopfverletzungen

1. HAARE, HAUT

–	missglückte Dauerwellenbehandlung	EUR	120,-
–	missglückte Blondierung	EUR	5.000,-
–	bleibende Kahlköpfigkeit	EUR	10.000,-
–	dauerhafter Haarverlust nach fehlerhafter Chemotherapie	EUR	12.000,-
–	Verlust des gesamten Haarwuchses infolge Immunstörung	EUR	14.000,-
–	toxische Kontaktdermatitis durch Haare färben	EUR	20.000,-
–	Hautverletzungen mit Verlust des Hauptantrages durch fehlerhafte Behandlung beim Friseur	EUR	40.000,-

2. SCHÄDEL

–	Kopfplatzwunde durch herabfallende Holzfigur	EUR	3.000,-
–	Schädelbasisbruch mit Gesichtsprellungen	EUR	9.000,-
–	Schädelfraktur mit Dauerschaden	EUR	12.000,-
–	Schädelfraktur mit Schädel-Hirn-Trauma	EUR	20.000,-
–	Hirnblutung mit Schädelfraktur	EUR	22.000,-
–	Schädel-Hirn-Trauma	EUR	27.000,-
–	Fraktur der Vorder- und Hinterwand des Schädels mit neurogenen Schluckstörungen	EUR	100.000,-
–	Schädelfraktur mit dauerhaftem Gehirnschaden	EUR	150.000,-

3. AUGEN

– Glassplitterverletzung, Narbe am Oberlid	EUR	2.000,-
– Augenverletzung mit Verlust des halben Sehvermögens	EUR	4.000,-
– Augapfelprellung	EUR	5.000,-
– Verletzung des Auges und erforderliches Einsetzen einer künstlichen Linse	EUR	10.000,-
– perforierende Hornhaut-/Iris-Verletzung	EUR	12.000,-
– Erblindung auf einem Auge	EUR	60.000,-
– nahezu Erblindung mit Netzhautablösung und Perforation mit Linsenverlust	EUR	100.000,-
– Erblindung bei einem Säugling infolge ärztlichem Behandlungsfehler	EUR	200.000,-
– Erblindung auf beiden Augen nach Arztfehler	EUR	270.000,-

4. NASE

– Nasenbeinfraktur	EUR	700,-
– dauerhafte Verunstaltung der Nase, erhebliche Entstellung	EUR	6.000,-
– Verlust des Geruchssinns	EUR	15.000,-

5. MUND

– Taubheit der Unterlippe	EUR	7.000,-
– Zungennervverletzung mit Geschmacksbeeinträchtigung	EUR	12.000,-

6. ZÄHNE UND KIEFER

– Zahnverletzung in Zusammenhang mit dem Einsetzen einer Brücke	EUR	1.000,-
– Zahnbehandlungsbedingt ausgelöste allergische lokale Reaktion nach behandlungsfehlerhaft implantiertem Palladiumimplantat trotz bekannter Allergie	EUR	1.000,-

–	Fehlbehandlung einer chronischen Paradontose	EUR	1.500,-
–	Verlust eines Schneidezahns	EUR	1.800,-
–	fehlerhaft hergestelltes Zahnimplantat und sechs Monate Zahnschmerzen	EUR	2.500,-
–	fehlerhafte Implantatversorgung, zu großes Implantat, Zahnschmerzen	EUR	5.000,-
–	länger anhaltende Zahnschmerzen und Bissfehlstellung	EUR	6.000,-
–	falsche Behandlung mit Zahnverlust von drei Zähnen	EUR	6.000,-
–	Oberkieferverletzung und anschließende Prothese	EUR	20.000,-
–	einfache Unterkieferfraktur	EUR	3.000,-
–	Kiefergelenksschmerzen infolge fehlerhaft prothetische Versorgung	EUR	10.000,-
–	doppelte Unterkieferfraktur	EUR	10.000,-
–	fehlerhafte Wurzelresektion mit Durchtrennung des Trigeminusnervs	EUR	25.000,-

7. OHR

–	chronischer Tinnitus durch Pfiff verursacht	EUR	2.000,-
–	Trommelfellperforation	EUR	2.400,-
–	Innenohrschädigung mit Tinnitus und Schwindel	EUR	6.000,-
–	beidseitig schlüsselförmige Ohrform (Telefonrohr) nach Behandlungsfehler	EUR	10.000,-
–	Trommelfellperforation bei Spülung des äußeren Gehörgangs beim HNO-Arzt, die nicht erkannt wurde und daher zahlreiche Nachbehandlungen zur Folge hatte	EUR	50.000,-

8. STIMMBÄNDER, KEHLKOPF UND SONSTIGE SPRACHSTÖRUNGEN

–	Schädigung des nervus recurrens mit Stimmbindung für 13 Monate nach Strumaoperation	EUR	3.500,-
–	Stimmbandlähmung nach Lymphknotenentfernung	EUR	16.000,-
–	Perforation der Speiseröhre mit Stimmbandlähmung	EUR	20.000,-

– Stimmbandnerv-Schädigung nach fehlerhaft durchgeführter Schilddrüsenoperation	EUR	32.000,-
– Lähmung beider Stimmbandnerven nach misslungener Schilddrüsenoperation mit Atemnot bis zu Erstickungsanfällen	EUR	50.000,-

2. Wirbelsäule

1. HALSWIRBELSÄULE (HWS)

– HWS-Trauma mit zwei Wochen Halskrause	EUR	500,-
– Distorsion, vier Monate arbeitsunfähig	EUR	3.500,-
– medizinisch nicht indizierte operative Eingriffe an der Bandscheibe	EUR	10.000,-
– Entfernung einer produktfehlerhaften Bandscheibenprothese an der Halswirbelsäule	EUR	15.000,-
– Schleudertrauma Grad II mit Bewegungseinschränkungen	EUR	25.000,-
– Querschnittslähmung, Tetraplegie	EUR	350.000,-
– Querschnittslähmung unterhalb des dritten Halswirbels durch groben Behandlungsfehler bei OP der Halswirbelsäule	EUR	400.000,-

2. LENDENWIRBELSÄULE (LWS)

– nicht erkannte Lendenwirbelbrüche nach Sturz vom Baum	EUR	14.000,-
– Wirbelsäulenfraktur	EUR	25.000,-
– Querschnittslähmung ab Hüfte	EUR	250.000,-
– Querschnittslähmung mit künstlichem Darmausgang	EUR	270.000,-

3. BRUSTWIRBELSÄULE

– Fraktur eines Brustwirbels	EUR	12.500,-
– Infektion mit bakteriellen Erregern, die an die Wirbelsäule gelangten und zu einer Zerstörung der Bandscheibe im Brustwirbelbereich führte	EUR	38.000,-

3. Oberkörper und innere Organe

1. RIPPEN

– Thoraxprellung ohne Fraktur	EUR	1.500,-
– mehrere Rippenbrüche mit längeren Beeinträchtigungen	EUR	9.000,-

2. HERZ

– Beschädigung eines Herzrhythmusregulators bei einem MRT	EUR	3.000,-
– chronischer Bluthochdruck verursacht durch eine unzureichende kinderkardiologische Untersuchung	EUR	5.000,-
– Unterlassen einer unverzüglichen Einweisung in eine Klinik zur Herzkatheteruntersuchung bei Veränderungen im EKG bei vorhandener Beschwerdesymptomatik, was einige Tage später zu einem Herzinfarkt führte	EUR	9.000,-
– Übersehen eines Vorderwandinfarktes	EUR	12.000,-
– Verbleib eines 15 Zentimeter langen Katheterfragments in Herzkammer	EUR	20.000,-
– Behandlungsfehler: Künstliche Herzklappe und Herzschrittmacher	EUR	45.000,-
– Verkennung eines Infarktes, Arztfehler der zur Berufsunfähigkeit führte	EUR	50.000,-
– akute Entzündung der Herzinnenhaut, erforderlicher Austausch von künstlichen Herzklappen	EUR	55.000,-
– verspätete Aufklärung über (eingetretene) Risiken einer Mitralklappen-OP	EUR	200.000,-
– Verkennung eines Infarktes, Intensivpflegefall, vollständige Lähmung	EUR	250.000,-

3. LUNGE

– Pneumothorax durch fehlerhafte Injektion	EUR	1.800,-

– Atmungsbehinderung mit Bewusstlosigkeit infolge Überdosierung eines Medikaments zur Ruhigstellung	EUR	7.000,-
– nicht erforderliche operative Entfernung eines erheblichen Teils der rechten Lungenhälfte	EUR	15.000,-
– Verlust eines vorgeschädigten Lungenflügels	EUR	20.000,-
– nicht rechtzeitiges Erkennen einer Lungen-tuberkulose, die zur Entfernung der zerstörten linken Lunge führte	EUR	175.000,-
– Verlust eines Lungenflügels, Behandlungsfehler	EUR	180.000,-

4. LEBER, GALLE

– medizinisch nicht indizierte Leberpunktion	EUR	3.500,-
– Durchtrennung des Hauptgallengangs bei operativer Entfernung der Gallenblase	EUR	20.000,-
– Entfernung des linken Leberlappens aufgrund ärztlicher Fehldiagnose	EUR	31.000,-
– Durchtrennung des Ductus choledochus und Läsionen des Ductus Hepaticus durch fehlerhaft durchgeführte Operation an der Gallenblase	EUR	60.000,-
– Durchtrennung des großen Gallenganges und des Bauchspeicheldrüsenganges durch ärztlichen Behandlungsfehler	EUR	100.000,-

5. NIERE, BLASE, HARNRÖHRE

– Funktionsverlust der linken Niere durch Behandlungsfehler	EUR	5.000,-
– Verlust einer Niere nach Behandlungsfehler	EUR	15.000,-
– Entfernung einer Niere durch Not-OP zur Vermeidung des Todes infolge einer Urosepsis	EUR	17.500,-
– Verletzung des Harnleiters anlässlich einer diagnostischen Abklärung einer Geschwulst des Eileiters	EUR	12.000,-
– vollständige Durchtrennung des linken Samenleiters bei einer Leistenbruchoperation	EUR	15.000,-

– vollständige Entfernung der Prostata und der Samenbläschen aufgrund eines Adenokarzinoms nach fehlerhafter Aufklärung	EUR	16.000,-
– Harnleiterverletzung nach Sterilisation nebst Gebärmutterentfernung, grober ärztlicher Behandlungsfehler	EUR	63.000,-
– Harninkontinenz, Verlust der Ejakulation- und Erektionsfähigkeit nach einer radikalen Prostatatektomie aufgrund falscher Krebsdiagnose	EUR	65.000,-

4. Arm/Schulter

1. SCHULTER

– Schultergelenksprengung mit Schultersteife	EUR	15.000,-
– Schulterfraktur nach Sturz im Krankenhaus	EUR	15.000,-
– Geburtsfehler: Schulterdystokie	EUR	90.000,-
– Morbus Sudeck mit Funktionsverlust des linken Armes	EUR	60.000,-

2. SCHLÜSSELBEIN

– Prellung des Schlüsselbeins	EUR	1.500,-
– Trümmerbruch des Schlüsselbeins, mehrere Tage Krankenhaus	EUR	3.000,-
– Schlüsselbeinfraktur mit Lungenkontusion	EUR	25.000,-

3. OBERARM

– Oberarmfraktur, mehrere Tage stationär	EUR	3.500,-
– Oberarmfraktur mit Sehnenabriss, lange Krankengymnastik	EUR	6.000,-
– Oberarmfraktur mit Arthrose und Schultersteife	EUR	18.000,-
– Oberarmamputation	EUR	120.000,-

4. UNTERARM

– Unterarmfraktur	EUR	2.500,-

– Radiusköpfchenluxation fehlerhaft nicht diagnostiziert	EUR	7.500,-
– schwere Unterarmfraktur mit langwierigem Heilungsprozess	EUR	12.000,-
– Unterarmfraktur in Fehlstellung verheilt, Bewegungseinschränkungen	EUR	25.000,-

5. FINGER

– Amputationen von zwei Fingern nach Behandlungsfehler	EUR	18.000,-
– Nervverletzung an mehreren Fingern, Funktionsuntüchtigkeit der Hand	EUR	20.000,-

5. Innere Verletzungen

1. BAUCH

– Zurückbelassen einer Nadel nach Nieren OP, danach Schmerzen	EUR	10.000,-
– Bauchverletzung durch Arztfehler, Arterienverletzung	EUR	70.000,-

2. LEBER

– Entfernung des linken Leberlappens nach Arztfehler	EUR	20.000,-
– zu spät erkanntes Leberkarzinom	EUR	15.000,-

3. DARM

– verkannte Blinddarmentzündung – Appendizitis	EUR	8.000,-
– Darmverletzung mit Bauchfellentzündung, Sepsis, Lebensgefahr	EUR	60.000,-

4. GEBÄRMUTTER

– Entzündung der Gebärmutter nach fehlerhafter Ausschabung	EUR	2.000,-
– Uterusruptur mit anschließender Hysterektomie	EUR	2.500,-
– Eileiterentfernung statt Eileiterdurchtrennung bei einer Sterilisation ohne Einwilligung bei 40-jähriger Frau	EUR	4.000,-
– Sterilisation ohne Einwilligung	EUR	25.000,-
– Verlust der Gebärmutter, Totaloperation	EUR	30.000,-
– persistierende Schmerzhaftigkeit der Scheide wegen Netzimplantat bei Senkungsoperation ohne hinreichende Aufklärung	EUR	35.000,-

5. PENIS/HODEN

– Verlust eines Hodens	EUR	20.000,-
– dauernde Erektionsunfähigkeit durch Behandlungsfehler	EUR	35.000,-

6. Hüfte und Becken

1. HÜFTGELENK

– fehlerhafte Implantation eines TEP-Hüftgelenks	EUR	30.000,-
– Hüftgelenkverletzung infolge Arztfehler, künstliches Hüftgelenk	EUR	35.000,-
– Hüftluxation	EUR	15.000,-

2. BECKEN

– Beckenringbruch	EUR	10.000,-
– Beckenfraktur mit Schädel-Hirn-Trauma	EUR	20.000,-
– Beckenringfraktur mit Muskelabriss	EUR	30.000,-

7. Beine

1. OBERSCHENKEL

– Oberschenkelfraktur mit mehrmonatigem Krankenhausaufenthalt	EUR	12.000,-
– Oberschenkeltrümmerfraktur mit nachfolgender Beinlängendifferenz	EUR	40.000,-
– Amputation des linken Oberschenkels nach unterlassener Gefäßdiagnostik	EUR	62.000,-

2. KNIE

– Infektion im Kniegelenk mit dauerhaft schmerzhafter Bewegungseinschränkung, ärztlicher Behandlungsfehler	EUR	10.000,-
– fehlerhafte Durchtrennung der Patella-Sehne bei einem arthroskopischen Eingriff	EUR	30.000,-
– Knieversteifung infolge Arztfehler, Gehbehinderung	EUR	35.000,-
– Arztfehler bei Implantation einer Knieprothese, Instabilität	EUR	15.000,-
– behandlungs- und aufklärungsfehlerhafte Arthroskopie des Kniegelenkes mit Entzündung und Nekrose, insgesamt vier Revisionsoperationen	EUR	50.000,-

3. UNTERSCHENKEL

– Spiralfraktur des Schienbeins	EUR	4.000,-
– Arztfehler bei Unterschenkelfraktur, nachfolgende Gehbehinderung	EUR	15.000,-
– verspätet erkannter embolischer arterieller Verschluss am Unterschenkel	EUR	50.000,-
– Unterschenkelamputation nach Arztfehler	EUR	75.000,-
– schwere arterielle Durchblutungsstörungen mit Amputation des Beines durch fehlerhafte Wundversorgung mittels Wasserstoffsuperoxyd	EUR	124.000,-

4. FUSS

– Wundinfektion nach fehlerhafter Operation an der Großzehe	EUR	10.000,-
– posttraumatische arthrotische Zerstörung des Sprunggelenkes durch unterlassene Reposition mit anschließender Ruhigstellung des Sprunggelenkes	EUR	10.000,-
– Arztfehler bei Fraktur des Mittelfußknochens, starke Einschränkungen	EUR	25.000,-
– fehlerhafte Nichterkennung einer Fersenfraktur mit grob fehlerhafter Behandlung	EUR	16.000,-
– Fußamputation nach Arztfehler, Sepsis, Lebensgefahr	EUR	85.000,-

8. Geburtsschäden

– Hypoxische Hirnschädigung mit Epilepsie durch Sauerstoffunterversorgung bei der Geburt	EUR	500.000,-
– Hirnschädigung, Zerebralparese mit Epilepsie, Intensivpflegefall	EUR	600.000,-

9. Besondere Verletzungen und Verletzungsfolgen

– Fehldiagnose (Aids) und dadurch erlittene Angstzustände	EUR	500,-
– Infektion durch unsterile Spritze mit Hepatitis C und HIV	EUR	150.000,-
– Epilepsie durch nicht vollständige Entfernung eines Gehirntumors	EUR	10.000,-
– misslungene Schönheitsoperation: Fettabsaugung, Entstellung in Form von bleibenden Dellenbildungen, Fettgewebsnekrosen und entstellende Narben	EUR	7.000,-
– entstellende Narbe auf dem rechten Oberschenkel (25 cm lang) bei zehnjährigem Mädchen durch Fehlbehandlung	EUR	20.000,-

– Persönlichkeitsrechtsverletzung durch Bericht über das Arzt-Patienten-Verhältnis bei einem Patienten, der an einem Prostata-Karzinom litt	EUR	2.000,-
– unterlassene Aufklärung über die Möglichkeit einer Samenspende vor Beginn einer Chemotherapie wegen eines Hodentumors	EUR	7.500,-
– ungewollte Schwangerschaft nach Fehlschlagen einer Sterilisation des Ehemannes	EUR	3.000,-
– ungewollte Schwangerschaft und Austragen eines schwerbehinderten Kindes, postmortale Depression	EUR	10.000,-
– Fehlgeburt infolge einer unterlassenen Behandlung eines vaginalen Pilzbefalls	EUR	10.000,-
– Todgeburt eines Kindes wegen verspäteten Kaiserschnitt	EUR	7.500,-
– Brustverletzung in Form einer Verätzung durch Wundspülung nach einer Brustoperation	EUR	6.000,-
– Verbrennungen, schwerster und entstellender Art als Folge einer Sauerstoffentzündung während einer Augenoperation bei einem zweijährigen Kind	EUR	30.000,-
– Infektion mit MRSA-Keimen im Krankenhaus	EUR	40.000,-
– Blutvergiftung mit erheblichen Unterarmnekrosen und Hautnekrosen	EUR	10.000,-
– Spritzenabszess mit hierdurch ausgelöster Staphylokokkeninfektion	EUR	25.000,-
– Tod nach behandlungsfehlerhafter Dialysebehandlung infolge der Dislokation der Dialysenadel, es kam zur Verblutung der Patientin	EUR	5.000,-
– Tod infolge verspäteter durchgeführter Krebsbehandlung	EUR	15.000,-
– Vernähen einer Wunde ohne Betäubung	EUR	6.000,-
– Dekubitus 4. Grades wurde chirurgisch nicht abgetragen	EUR	12.000,-
– schwerer Dekubitus aufgrund groben Pflege- und Lagerungsmangel	EUR	20.000,-

Anzumerken ist folgendes: In der Praxis werden die höchsten Schmerzensgeldbeträge bei schwerwiegenden Geburtsschäden, die lebenslängliche Beeinträchtigungen des Kindes mit sich bringen, gezahlt. Hier werden aktuell Beträge für Schmerzensgeld in Höhe von bis zu 800.000,00 EUR gezahlt. Das Schmerzensgeld steht in diesen Verfahren aber nicht im Vordergrund: Bei lebenslänglichen Beeinträchtigungen geht es vielmehr um die zukünftige Versorgung des Kindes in Form von Pflegeaufwendungen, behindertengerechten Umbauten, Verdienstausfallschäden und so weiter. Diese materiellen Schäden treten selbstverständlich noch jeweils zu dem ausgeurteilten Schmerzensgeld hinzu.

II. Hilfreiche Adressen

Eine erste Hilfe kann mitunter auch beifolgenden Adressen gefunden werden:

UNABHÄNGIGE PATIENTENBERATUNG DEUTSCHLAND-UPD

- Beratung in deutscher Sprache: Tel. 0800 011 77 22 (Montag bis Freitag von 8:00–20:00 Uhr)
- Beratung in türkischer Sprache: Tel. 0800 011 77 23 (Montag bis Freitag von 8:00–20:00 Uhr)
- Beratung in russischer Sprache: Tel. 0800 011 77 24 (Montag bis Freitag von 8:00–20:00 Uhr)
- Beratung in arabischer Sprache: Tel. 0800 33 22 12 25 (Dienstag von 11:00 bis 13:00 und Donnerstag von 17:00 bis 18:00)

Unter der Homepage www.patientenberatung.de findet sich auch eine Plattform für eine online-Beratung.

Aktionsbündnis Patienten Sicherheit-APS
Internet: www.aps-ev.de
E-Mail: info@aps-ev.de
Anschrift: Alte Jacobstraße 81, 10179 Berlin
Tel. +49 (0) 30 36 42 816–0
Fax. +49 (0) 30 36 42 816–11

Bundesärztekammer
Internet: www.bundesaerztekammer.de
Anschrift: Herbert-Lewin-Platz 1, 10623 Berlin

Bundeszahnärztekammer
Internet: www.bzaek.de
E-Mail: info@bzaek.de
Anschrift: Chausseestraße 13, 10115 Berlin
Tel. +49 (0) 30 40005–0
Fax. +49 (0) 30 40005–200

Bundesarbeitsgemeinschaft Selbsthilfe-BAG Selbsthilfe
Internet: www.bag-selbsthilfe.de
E-Mail: info@bag-selbsthilfe.de
Anschrift: Kirchfeldstraße 149, 40215 Düsseldorf
Tel. +49 (0) 211 31006–0
Fax. +49 (0) 211 31006–48

Deutsche Stiftung Patientenschutz
Internet: www.stiftung-patientenschutz.de
E-Mail: info@stiftung-patientenschutz.de

Geschäftsstelle Dortmund: Europaplatz 7, 44269 Dortmund,
Tel. +49 (0) 231 7380730

Informationsbüro München: Baldestrasse 9, 80469 München,
Tel. +49 (0) 89 2020810

Informationsbüro Berlin: Chausseestrasse 10, 10115 Berlin,
Tel. +49 (0) 30 28444840

Patienten-Initiative e. V.
Internet: www.patienteninitiative.de
E-Mail: info@patienteninitiative.de
Anschrift: Alsterdorfer Markt 8, 22297 Hamburg
Tel. +49 (0) 23 54 64 98
Mobil: 0174 89 58 776

GKV-Spitzenverband
Internet: www.gkv-spitzenverband.de
Anschrift: Reinhardtstraße 28, 10117 Berlin
Tel. +49 (0) 30 206288–0
Fax. +49 (0) 30 206288–88

III. Glossar

A

Abdomen	Bauch
Abort	Fehlgeburt
Abrasio uteri	Abschabung der Gebärmutterschleimhaut
Abszess	Eiteransammlung in einer nicht vorgebildeten Gewebehöhle
Abusus	Missbrauch von Substanzen zum Beispiel Drogen, Medikamente, Alkohol, Nikotin
Adipositas	Übergewicht, Fettsucht
Adnexe	Gesamtgebilde der Eierstöcke und der Eileiter
Amnesie	Erinnerungslosigkeit
Anämie	Blutarmut
Anästhesie Narkose	Betäubung, Schmerzausschaltung
Anamnese	Vorgeschichte des Patienten
Aneurysma	eine permanente Erweiterung des Querschnitts von Schlagadern (selten von Venen) infolge angeborener oder erworbener Wandveränderungen
Angiographie	Darstellung der Blutgefäße im Röntgenbild mittels Kontrastmittel
Anorexie	Magersucht
Anus praeter	künstlicher Darmausgang in der Bauchhaut
Aorta	die große Körperschlagader, die aus der linken Seite des Herzens entspringt
Aphasie	Sprachstörung
Apnoe	Atemstillstand
Apoplex	Schlaganfall
Appendix	Blinddarm
Appendektomie	operative Bilddarmentfernung
Arrhythmie	Unregelmäßiger Herzschlag, Herzstolpern

Arterie	jedes vom Herzen weg- und zu einem anderen Organ hinführendes Blutgefäß
Arteriosklerose	Versteifung der Gefäße
Arthroskopie	Gelenkspiegelung
Aspiration	Ansaugen von Luft oder Flüssigkeit; Eindringen flüssiger oder fester Stoffe in die Atemwege

B

Biopsie	Entnahme winziger Gewebeproben zur mikroskopischen Untersuchung
Belastungs-EKG	ein Elektrokardiogramm, das unter Belastung durchgeführt wird. Es erkennt Herzfehler, die unter Belastung auftreten, aber in Ruhe verschwunden sind
Bradykardie	zu langsame Herzfrequenz
Bursitis	Schleimbeutelentzündung
Bypass	Überbrückung/Umleitung an Blutgefäßen

C

Commotio cerebri	Gehirnerschütterung
Coxarthrose	Hüftgelenksarthrose – (auch Koxarthrose genannt) ist eine Erkrankung des Hüftgelenks, bei der sich das Hüftgelenk immer stärker abnutzt
CRP-Wert	C-reaktives Protein, ein Entzündungsmarker im Blut
CT	Computertomographie, Röntgenschichtuntersuchung
CTG	Kardiotokografie, nicht invasive Untersuchungsmethode zur Überwachung des Herzschlages des ungeborenen Kindes

D

Débridement	auch „Wundtoilette“, chirurgische Abtragung von infiziertem, geschädigtem oder abgestorbenem (nekrotischem) Gewebe zum Beispiel aus Wunden
Dekubitus	Drückgeschwür, das infolge von Druck oder von Druck in Kombination mit Scherkräften entsteht. Es kommt zur Schädigung der Haut und/oder des darunterliegenden Gewebes
Dermatologie	Lehre der Hautkrankheiten
Dialyse	Blutwäsche, Entgiftung des Körpers bei akuter und chronischer Nierenschädigung
Diarrhoe	Durchfall
Dilatation	Erweiterung von zum Beispiel Blutgefäßen
Drainage	Ableitung von Flüssigkeitsansammlungen aus Körperhöhlen oder von Wundsekret aus Operationswunden

E

EEG	Elektroenzephalographie, Hirnstromuntersuchung
EKG	Elektrokardiogramm, Gerät zur Aufzeichnung der Herzströme, das in vielen Fällen die Diagnose einer Herzrhythmusstörung erlaubt
Embolie	Verschluss einer Schlagader durch einen Pfropf (Embolus)
EMG	Elektromyographie, Untersuchung von elektronisch verstärkten Muskelaktionspotentialen
Endoprothese	in den Körper eingepflanztes Ersatzorgan (zum Beispiel Gelenk)
Endoskopie	Betrachtung von Körperhöhlen, Atem- und Verdauungswegen mit Hilfe starrer oder flexibler Rohre, meist mit einer optischen Funktion ausgerüstet
Erythrozyten	rote Blutkörperchen
Erythrozytenkonzentrat	Blutkonserve
Extrasystole	zusätzlicher Herzschlag „außerhalb der Reihe", der sich als Herzstolpern äußert

Exzision	Herausschneiden

F

Femur	Oberschenkelknochen
Fibrose	krankhafte Vermehrung des Bindegewebes in Geweben und Organen, dessen Hauptbestandteil Kollagenfasern sind. Das Gewebe des betroffenen Organes wird verhärtet
Funktions-diagnostik	Untersuchung der Funktion einzelner Körperorgane und Stoffwechselfunktion

G

Gastrektomie	operative Entfernung des Magens
Gastroskopie	Magenspiegelung
Geriatrie	Alters- oder Altenmedizin, Lehre von den Krankheiten des alternden Menschen
Glaukom	Grüner Star
Gonarthrose	langsam fortschreitende, nicht primär entzündliche, degenerative Erkrankung (Arthrose) des Kniegelenks
Grauer Star	Linsentrübung
Grüner Star	erhöhter Augeninnendruck, Untergang von Nervenzellen an der Netzhaut mitsamt ihren Nervenfasern, die Folge sind Ausfälle im Gesichtsfeld
Gürtelrose	durch Viren hervorgerufene Erkrankung, welche mit Bläschen und einer bandförmigen, schmerzhaften Rötung im Versorgungsgebiet eines oder mehrerer Nerven einhergeht

H

Hämatologie	Lehre von den Bluterkrankungen
Hämodialyse	Blutwäsche, siehe Dialyse

Hernie	Durchtritt von Baucheingeweiden (zum Beispiel Darm) mit durch eine Öffnung (Bruchpforte), die meist in der Bauchwand liegt (zum Beispiel Leistenhernie)
Herpes Zoster	siehe Gürtelrose
Herzkatheter	Instrument zur Darstellung von Herzkranzgefäßen
Histologie	Mikroskopische Untersuchung
Hyperkaliämie	Ein zu hoher Kaliumspiegel im Blut, der zu Herzrhythmusstörungen führen kann
Hypertonie	krankhafte Erhöhung des Blutdrucks
Hysterektomie	vollständige oder teilweise operative Entfernung der Gebärmutter

I

iatrogen	„durch ärztliche Einwirkung entstanden“
Ileus	Darmverschluss
Impingement-Syndrom	Reizungen des Sehnenansatzes am Schulterknochens
i.m. spritzen	intramuskulär – in den Muskel spritzen
Infiltration	direkte und punktgenaue Injektion von Medikamenten (Schmerzmitteln) an der schmerzenden Stelle
Injektion	Einbringen von Arzneimitteln in den Körper mittels Spritze mit aufgesetzter Kanüle
Intubation	Einführen eines Tubus (lateinisch Röhre) zur Beatmung eines Patienten
Invasiv	Untersuchungsmethoden, die unter die Körperoberfläche dringen
In-vitro-Fertilisation	künstliche Befruchtung im Reagenzglas
Ischämie	verminderte oder fehlende Durchblutung von Gewebe. In der Folge kommt es durch die mangelnde Durchblutung zu einem Sauerstoffmangel in den Zellen
i.v. spritzen	intravenös – in die Vene spritzen

K

Katarakt	siehe Grauer Star
Kardiologie	Lehre von den Herzkrankheiten
Kardiomyopathie	Herzmuskelerkrankung
Karzinom	CA und Carzinom, Krebsgeschwür
Kernspintomographie	schichtweise Darstellung von Gewebedifferenzen mit Hilfe eines Gerätes, das starke Magnetfelder nutzt
KHK	Koronare Herzkrankheit
Kolon	Dickdarm
Koloskopie	Darmspiegelung, dient der Untersuchung des Dick- und Dünndarmes
Kompartmentsyndrom	bedrohliches Krankheitsbild bei dem bei geschlossenem Haut- und Weichteilmantel ein erhöhter Gewebedruck zur Verminderung der Gewebedurchblutung führt, woraus neuromuskuläre Störungen oder Gewebe- und Organschädigungen resultieren
Konservative Medizin	nichtoperative Medizin und Behandlung
Kontrastmittel	Mittel, das zum Beispiel bei der Computer- oder Kernspintomographie zur besseren Auflösung oder Darstellung verabreicht wird

L

Laparaskopie	Bauchspiegelung mit dem Laparoskop, das durch die Bauchdecke in die Bauchhöhle eingeführt wird (Schlüssellochtechnik)
Laparotomie	operative Eröffnung der Bauchhöhle (Bauchschnitt)
Lavage	Spülung
Leukopenie	Verminderung der weißen Blutkörperchen (Leukozyten) im Blut.
Leukozyten	weiße Blutkörperchen
Leukozytose	Vermehrung der weißen Blutkörperchen (Leukozyten) bei einer Infektion

Lithotripsie	Zertrümmerung von Harnsteinen in den nierenableitenden Harnwegen und der Harnblase
Logopädie	Sprach- und Stimmheilkunde

M

Malignom	bösartiger Tumor (Krebs)
Mamma	weibliche Brust
Miktion	Urinieren, Wasserlassen
Mikrochirurgie	operative Arbeit mit besonders feinem Instrumentarium und Nahtmaterial unter mikroskopischer Vergrößerung
Myokardinfarkt	Herzinfarkt

N

Nekrose	Absterben einzelner Zellen in einem lebenden Organismus
Nephrologie	Lehre von den Nierenkrankheiten
Neurologie	Lehre von den Krankheiten der Nerven, des Rückenmarks und des Gehirns

O

Obstipation	Verstopfung
Ödem	Ansammlung von Wasser im Gewebe
Ösophagus	Speiseröhre
Onkologie	Lehre der Geschwulstkrankheiten
Osteoporose	Erkrankung des Skeletts, bei der die Knochen an Festigkeit verlieren und leichter brechen
Osteosynthese	operative Verbindung von zwei oder mehr Knochen oder Knochenteilen mit dem Ziel, dass diese zusammenwachsen durch Verwendung von Osteosynthesematerial (zum Beispiel Schrauben oder Platten)
Ovarium	Eierstock

P

Pädiatrie	Lehre von der Kinderheilkunde
Palliativtherapie	medizinische Behandlung, die nicht auf die Heilung einer Erkrankung abzielt, sondern darauf, die Symptome zu lindern oder sonstige nachteilige Folgen zu reduzieren
Pankreas	Bauchspeicheldrüse
Parästhesie	Gefühl wie Prickeln, Kribbeln, Pelzigsein und Ameisenlaufen
Pathologie	Lehre von den Krankheiten
pAVK	periphere arterielle Verschlusskrankheit, Störung der arteriellen Durchblutung der Extremitäten. Die Erkrankung gehört zu den chronischen Gefäßkrankheiten der Arterien
Perforation	Durchbruch
Peritoneum	Bauchfell
Peritonitis	Bauchfellentzündung
Pharmakologie	Lehre von der Art, von Arzneimitteln auf den Organismus
Physiotherapie	physikalische Therapie, zum Beispiel Krankengymnastik, Lichttherapie, Klimatherapie
Pleuraerguss	pathologische Zunahme der Flüssigkeit zwischen den Blattern des Rippen- beziehungsweise Brustfells
Prostatahyperplasie	auch Prostataadenom oder Prostatahypertrophie. Gutartige Vergrößerung der Vorsteherdrüse die sich meist schleichend im Alter entwickelt
Prostatitis	Entzündung der Vorsteherdrüse
Psychiatrie	Lehre von den Gemütskrankheiten
Psychosomatik	Lehre vom Zusammenhang zwischen psychischen (seelischen) und somatischen (körperlichen) Erscheinungen und den daraus entstehenden Erkrankungen
Psychotherapie	Bezeichnung für verschiedene Formen der psychologischen Betreuung von psychischen Störungen

R

Radiatio	Kurzform für Radiotherapie, Behandlung mit Strahlen
Radiologie	Lehre von den Strahlen; in der Medizin die Nutzbarmachung bestimmter Strahlen in Diagnose und Therapie. Hierzu gehören Röntgendiagnostik, Nuklearmedizin und Strahlentherapie
Rekonvaleszenz	Genesung
Rektoskopie	Spiegelung des Mastdarms/Enddarms
Rektum	Mastdarm; verbindet Dickdarm und After
Rezidiv	Rückfall
Resektion	Entfernung eines Organs, eines Organteiles oder von Gewebe
Rotatorenmanschette	besteht aus vier zusammenhängenden Muskeln, die vom Schulterblatt zum Oberarmkopf ziehen und dort mit ihren Sehnen ansetzen. Sie hebt den Arm seitwärts nach oben und nach oben, dreht ihn nach außen und innen und stabilisiert das Gelenk
Ruptur	(Ab-)riss

S

Sectio	Kaiserschnitt
Sepsis	Blutvergiftung
Serologie	Lehre von den Immuneigenschaften des Blutserums
Shunt	Verbindung zwischen zwei Hohlorganen, zum Beispiel Blutgefäßen
Sputum	Auswurf
Sonographie	Ultraschall-Untersuchung, diagnostische Methode, die das Echo von unhörbaren, hochfrequenten Schallwellen sichtbar macht
Stenose	Verengung, Einengung von Gefäßen
Stent	medizinisches Implantat zum Offenhalten von Gefäßen oder Hohlorganen („Gefäßstütze")
Subkutan	unter der Haut

Synovektomie	operative Entfernung der Gelenkschleimhaut innerhalb eines Gelenks zum Beispiel bei einer chronischen Entzündung des Gelenkes
Szintigraphie	Messung der Verteilung radioaktiver Stoffe in Körperorganen zur Darstellung von Erkrankungen

T

Teilendoprothese	auch „Hemiendoprothese" (HEP), künstlicher Gelenkersatz, bei dem nur eine Hälfte des Gelenks (Pfanne oder Kopf) ausgetauscht wird
TEP	Totalendoprothese, künstlicher Gelenkersatz bei dem das komplette Gelenk, das heißt der Gelenkkopf und die Gelenkpfanne, ersetzt wird
Thorax	Brustkorb
Trauma	Verletzung, Wunde durch Gewalteinwirkung in körperlicher oder psychischer Hinsicht
Traumatologie	Lehre von der Unfallkunde
Tuba	Eileiter

U

Ulcus	Geschwulst
Uterus	Gebärmutter
Urologie	Lehre von den Krankheiten der Nieren und der ableitenden Harnwege

V

Varizen	Krampfadern
Vasculitis	Gefäßentzündung
Vene	zum Herzen führendes Blutgefäß
Vorhofflimmern	unkoordinierte Bewegungen des Vorhofs, die zu einem Funktionsverlust des Vorhofs führen. In der Regel behandlungsbedürftig

Z

Zervix	Gebärmutterhals
Zytologie	Mikroskopische Zelluntersuchung
Zytostatika	Medikamente, die das Wachstum von Tumorzellen bevorzugt hemmen, aber auch gesunde Zellen in gewissem Ausmaß schädigen. Häufig wird dabei die Zellteilung verhindert

Stichwortverzeichnis

A

B

C

D

E

F

G

H

I

J

K

L

M

N

O

P

Z